中华人民共和国
反有组织犯罪法
注解与配套

中国法制出版社
CHINA LEGAL PUBLISHING HOUSE

出版说明

中国法制出版社一直致力于出版适合大众需求的法律图书。为了帮助读者准确理解与适用法律，我社于2008年9月推出"法律注解与配套丛书"，深受广大读者的认同与喜爱，此后推出的第二、三、四、五版也持续热销。为了更好地服务读者，及时反映国家最新立法动态及法律文件的多次清理结果，我社决定推出"法律注解与配套丛书"（第六版）。

本丛书具有以下特点：

1. 由相关领域的具有丰富实践经验和学术素养的法律专业人士撰写适用导引，对相关法律领域作提纲挈领的说明，重点提示立法动态及适用重点、难点。

2. 对主体法中的重点法条及专业术语进行注解，帮助读者把握立法精神，理解条文含义。

3. 根据司法实践提炼疑难问题，由相关专家运用法律规定及原理进行权威解答。

4. 在主体法律文件之后择要收录与其实施相关的配套规定，便于读者查找、应用。

此外，为了凸显丛书简约、实用的特色，分册根据需要附上实用图表、办事流程等，方便读者查阅使用。

真诚希望本丛书的出版能给您在法律的应用上带来帮助和便利，同时也恳请广大读者对书中存在的不足之处提出批评和建议。

中国法制出版社
2023年7月

适 用 导 引

2021年12月24日，中华人民共和国第十三届全国人民代表大会常务委员会第三十二次会议通过《中华人民共和国反有组织犯罪法》（以下简称《反有组织犯罪法》），自2022年5月1日起施行。《反有组织犯罪法》系统总结扫黑除恶专项斗争实践经验，保障在法治轨道上常态化开展扫黑除恶工作。

《反有组织犯罪法》共九章七十七条，包括总则、预防和治理、案件办理、涉案财产认定和处置、国家工作人员涉有组织犯罪的处理、国际合作、保障措施、法律责任等章。

《反有组织犯罪法》主要规定了五个方面的内容：

（一）将党中央决策部署转化为法律，写入总则

一是规定了立法宗旨、指导思想、基本原则。二是规定了有组织犯罪概念。将有组织犯罪限定为组织、领导、参加黑社会性质组织犯罪，以及黑社会性质组织、恶势力组织实施的犯罪。此外，将恶势力组织上升为法律概念，规定了信息网络有组织犯罪的认定标准。

（二）突出防治要求和责任

一是规定了预防政策和预防主体。明确了承担预防和治理工作的主体及其职责，综合运用法律、经济、行政、科技等手段，加强源头治理，依法建立健全科学高效的有组织犯罪预防和治理体系。二是规定了一般预防措施与特殊预防措施。明确了宣传教育、基层组织预防、行业监管等一般预防措施。同时，针对国内外有组织犯罪的发展态势和跨境有组织犯罪的危害性，强调对境外黑社会组织入境渗透、发展的严格防控。三是规定了相关法律责任。明确了具有防范义务的责任主体未尽职责时应承担的责任，明确单位和个人报案、控告、举报和救济的权利。同时，对部分危害较轻的行为，不作为犯罪处理，以实现分化瓦解、教育

挽救的目的。

(三) 规范情报线索处置、案件办理机制

一是确立了线索统一归口管理模式。规定核查阶段可对嫌疑财产采取紧急处置措施，对重点嫌疑人可限制出入境。同时，充分考虑保障当事人合法权益不受侵害，对相关措施设置了严格的审批程序。二是充分体现了从严打击有组织犯罪的要求。规定了软暴力手段认定、侦查措施授权、证据综合运用、特殊组织成员处理、财产刑适用等内容。为多举措降低再犯可能性，规定了减刑、假释的从严控制要求，将财产刑执行情况和配合处置涉案财产情况与减刑、假释挂钩，并对从业禁止、异地服刑、社区矫正等作了专门规定。三是规定了国际合作。规定了合作原则、合作部门及合作中取得证据材料的效力问题。

(四) 固化"打财断血""打伞破网"经验做法

一是规定了涉案财产调查相关制度。规定在侦查起诉阶段，应当全面调查涉案财产状况，金融机构等有关单位应当在法定时限内协助配合；在审判阶段，人民法院应当准确认定涉案财产权属性质。二是规定了对涉案财产的处理措施。三是规定了对国家工作人员涉有组织犯罪的查处。将查办国家工作人员涉有组织犯罪明确为反有组织犯罪工作重点，构建国家工作人员涉有组织犯罪线索移送制度，明确从重处罚和从重处分情形；对于针对从事反有组织犯罪工作的执法、司法人员的举报，规定审慎原则。

(五) 明确相关保障制度

一是规定了组织保障。规定公安机关和有关部门应当建立反有组织犯罪工作专门力量，提升反有组织犯罪工作能力。二是规定了制度保障。规定对证人的特殊保护制度。三是规定了物质保障。规定国务院和县级以上地方各级人民政府应当按照事权划分，将反有组织犯罪工作经费列入财政预算。

目　　录

适用导引 ·· *1*

中华人民共和国反有组织犯罪法

第一章　总　　则

第一条　【立法目的】 ··· 1
　1. 制定反有组织犯罪法的依据是什么？ ················ 2
第二条　【有组织犯罪、恶势力组织的概念及境外黑社
　　　　　会组织的法律适用】 ·································· 3
　2. 黑社会性质组织的特征是什么？ ······················· 4
　3. 恶势力组织的特征是什么？ ····························· 5
第三条　【反有组织犯罪工作方针】 ························ 6
第四条　【反有组织犯罪工作原则】 ························ 6
　4. 反有组织犯罪的工作原则是什么？ ···················· 7
第五条　【依法进行反有组织犯罪工作、尊重和保障
　　　　　人权】 ··· 8
第六条　【有关国家机关的反有组织犯罪工作职责】 ········· 8
　5. 在办理涉黑涉恶犯罪案件中，有关国家机关应如何
　　　协调配合？ ·· 9
第七条　【协助、配合义务及对协助、配合方给予保护】 ··· 10
第八条　【举报、表彰和奖励】 ······························· 10

1

第二章 预防和治理

第 九 条 【有组织犯罪的预防和治理工作】 ………… 11
第 十 条 【反有组织犯罪的宣传教育】 ………………… 12
   6. 承担有组织犯罪预防和治理职责的部门包括哪些？…… 13
第 十一 条 【教育行政部门、学校的义务】 …………… 13
   7. 有组织犯罪组织在学生中发展成员或者学生参加有组织犯罪活动的，学校应当如何处理？………………… 13
第 十二 条 【村（居）民委员会成员候选人资格审查制度】 ……………………………………………… 14
第 十三 条 【行业预防治理的长效机制】 ……………… 14
   8. 有组织犯罪易发的行业领域包括哪些？……………… 15
第 十四 条 【监察和政法机关的意见建议】 ………… 15
第 十五 条 【重点区域、行业领域、场所的预防治理】 … 16
第 十六 条 【防范有组织犯罪信息的传播】 ………… 16
   9. 电信业务经营者、互联网服务提供者应当履行哪些义务？…………………………………………………… 17
第 十七 条 【履行反洗钱义务】 ……………………… 18
   10. 金融机构和特定非金融机构的反洗钱义务包括哪些内容？…………………………………………………… 18
第 十八 条 【监管、教育、矫正和安置帮教】 ……… 19
第 十九 条 【个人财产及日常活动报告制度】 ……… 20
   11. 个人财产及日常活动报告制度的适用对象、决定程序、报告内容以及报告期限是什么？……………… 20
第 二十 条 【任职审查及监管】 ……………………… 21
第二十一条 【境外黑社会组织入境管理】 …………… 21

第三章 案件办理

第二十二条 【案件办理原则和刑事政策】 …… 22
第二十三条 【利用网络、"软暴力"手段实施黑恶犯罪的认定】 …… 23
 12. 利用信息网络实施违法犯罪的黑恶势力组织特征是什么？ …… 24
 13. 什么是"软暴力"？ …… 24
第二十四条 【线索收集处置】 …… 25
第二十五条 【国家机关线索移送】 …… 26
 14. 对黑恶势力案件的举报主要通过哪些方式来实现？ …… 26
第二十六条 【线索调查和信息收集】 …… 27
第二十七条 【查询财产信息和紧急止付、临时冻结、临时扣押的紧急措施】 …… 27
第二十八条 【立案侦查】 …… 28
第二十九条 【限制出境措施】 …… 29
第 三十 条 【羁押措施】 …… 30
 15. 什么是异地羁押、分别羁押以及单独羁押？ …… 30
第三十一条 【特殊侦查措施】 …… 31
 16. 什么是技术侦查措施？ …… 31
 17. 什么是控制下交付？ …… 32
 18. 什么是有关人员隐匿身份侦查？ …… 32
第三十二条 【分案处理】 …… 33
第三十三条 【从宽处罚情形】 …… 33
第三十四条 【对黑社会性质组织人员的财产处罚】 …… 35
第三十五条 【对有组织犯罪的罪犯从严管理】 …… 36
 19. 什么是异地执行刑罚？ …… 36

3

第三十六条 【特定的有组织犯罪的罪犯减刑、假释程序】 …… 37
  20. 对被判处十年以上有期徒刑、无期徒刑、死刑缓期二年执行的黑社会性质组织的组织者、领导者或者恶势力组织的首要分子是否可以减刑? …… 37

第三十七条 【人民法院审理减刑、假释案件的程序规定】 …… 39
  21. 人民法院在审理减刑、假释案件前,应当审查执行机关移送的哪些材料? …… 40

第三十八条 【办理减刑、假释案件要考虑财产刑的履行和涉案财产的处置情况】 …… 41
  22. "生效裁判中的财产性判项"是指什么? …… 41
  23. "配合处置涉案财产"包括哪些情形? …… 41

第四章 涉案财产认定和处置

第三十九条 【办理有组织犯罪案件对涉案财物进行查封、扣押、冻结】 …… 42
  24. 可以依法查询、冻结犯罪嫌疑人、被告人的财产的适用主体有哪些? …… 42

第 四 十 条 【对涉嫌有组织犯罪的组织及其成员财产调查】 …… 42

第四十一条 【查封、扣押、冻结、处置涉案财物的要求】 …… 43

第四十二条 【公安机关可以向反洗钱行政主管部门查询信息数据、提请协查】 …… 44
  25. 什么是"可疑交易活动"? …… 44

第四十三条 【涉案财产的先行处置】 …… 45
第四十四条 【涉案财产的甄别和处理】 …… 46

| 第四十五条 | 【涉案财产的追缴、没收】 ············ 47 |

26. 等值追缴、没收包括哪几种情形? ············ 47
27. 高度可能性证明标准在具体适用上应具备哪几个前提条件? ············ 47

第四十六条	【涉案财产追缴、没收的特殊情形】 ········· 48
第四十七条	【犯罪嫌疑人、被告人逃匿、死亡案件违法所得没收程序】 ············ 49
第四十八条	【依法查处与有组织犯罪相关的洗钱以及掩饰、隐瞒犯罪所得、犯罪所得收益等犯罪】 ············ 50
第四十九条	【利害关系人对涉案财物处理不服的异议及救济】 ············ 51

28. 案外人是否可以对查封、扣押、冻结财物及其孳息提出权属异议? ············ 51

第五章 国家工作人员涉有组织犯罪的处理

第 五 十 条	【国家工作人员涉有组织犯罪的处理】 ······ 52
第五十一条	【建立线索办理沟通机制及有组织违法犯罪的报案、控告、举报】 ············ 54
第五十二条	【依法查办有组织犯罪案件】 ············ 55
第五十三条	【对从事反有组织犯罪工作人员的名誉保障】 ············ 56

第六章 国际合作

第五十四条	【开展反有组织犯罪国际合作】 ············ 57
第五十五条	【开展反有组织犯罪国际合作的具体机制】 ··· 57
第五十六条	【反有组织犯罪的刑事司法协助、引渡】 ····· 58
第五十七条	【反有组织犯罪国际合作中的证据使用】 ······ 58

第七章　保障措施

第五十八条　【为反有组织犯罪工作提供各项保障】 ……… 59
第五十九条　【加强反有组织犯罪队伍建设】 ………… 59
第 六 十 条　【反有组织犯罪工作的经费保障】 ………… 60
第六十一条　【对在有组织犯罪案件中作证等相关人员的保护措施】 ……………………………… 60
29. 对在有组织犯罪案件中作证等相关人员的保护措施有哪些？ ………………………………… 61
第六十二条　【有组织犯罪案件中保护措施的批准和执行机关】 ……………………………………… 62
第六十三条　【对侦破或查明案件起重要作用的有组织犯罪人员的保护】 ………………………… 63
第六十四条　【对办理有组织犯罪案件的工作人员及其近亲属的保护措施】 ……………………… 63
30. 对办理有组织犯罪案件的工作人员及其近亲属的保护措施有哪些？ ……………………… 64
第六十五条　【对反有组织犯罪工作相关人员伤残或者死亡人员的抚恤优待】 ………………… 65

第八章　法律责任

第六十六条　【有组织犯罪相关的刑事责任】 ………… 65
第六十七条　【涉未成年人从重追究刑事责任的情形】 …… 66
31. 利用未成年人实施黑恶势力犯罪，是否应从重处罚？ … 66
32. 利用未成年人实施黑恶势力犯罪，应当从重处罚的情形有哪些？ ……………………………… 66
第六十八条　【对有组织犯罪罪犯适用的从业禁止】 ……… 67
第六十九条　【对尚不构成犯罪情形的处罚】 ………… 68

33. 尚不构成犯罪但应当给予行政处罚的情形包括哪些？ ……………………………………………… 68
第七十条 【违反日常报告制度的处罚】 ………… 69
第七十一条 【对金融机构等相关单位未协助采取紧急止付、临时冻结措施的处罚】 ………… 70
第七十二条 【电信业务经营者、互联网服务提供者违反本法规定的处罚】 ……………………… 71
第七十三条 【拒不履行、拖延履行及拒不配合反有组织犯罪法定职责的法律责任】 …………… 72
第七十四条 【反有组织犯罪工作保密以及违反规定泄露的法律责任的规定】 ………………… 73
第七十五条 【国家工作人员涉有组织犯罪的处理】 …… 74
第七十六条 【对行政处罚和行政强制措施决定不服的行政复议、行政诉讼】 ……………………… 74

第九章 附 则

第七十七条 【反有组织犯罪法的生效日期】 ……… 75

配 套 法 规

中华人民共和国刑法（节录） ………………………… 76
　（2020年12月26日）
全国人民代表大会常务委员会关于《中华人民共和国刑法》第二百九十四条第一款的解释 ……………… 120
　（2002年4月28日）
中华人民共和国刑事诉讼法（节录） ………………… 121
　（2018年10月26日）

7

公安机关反有组织犯罪工作规定 …………………………… 156
　　（2022年8月26日）
最高人民法院、最高人民检察院、公安部、司法部关于
　　办理恶势力刑事案件若干问题的意见 ………………… 170
　　（2019年4月9日）
最高人民法院、最高人民检察院、公安部、司法部关于
　　办理实施"软暴力"的刑事案件若干问题的意见 ……… 176
　　（2019年4月9日）
最高人民法院、最高人民检察院、公安部、司法部关于
　　办理"套路贷"刑事案件若干问题的意见 ……………… 179
　　（2019年4月9日）
最高人民法院、最高人民检察院、公安部、司法部关于
　　办理黑恶势力刑事案件中财产处置若干问题的意见 …… 184
　　（2019年4月9日）
最高人民法院、最高人民检察院、公安部、司法部关于
　　办理利用信息网络实施黑恶势力犯罪刑事案件若干问
　　题的意见 ………………………………………………… 190
　　（2019年7月23日）
最高人民法院、最高人民检察院、公安部、司法部关于
　　跨省异地执行刑罚的黑恶势力罪犯坦白检举构成自首
　　立功若干问题的意见 …………………………………… 194
　　（2019年10月21日）
最高人民法院、最高人民检察院、公安部、司法部关于
　　敦促涉黑涉恶在逃人员投案自首的通告 ……………… 197
　　（2019年11月4日）
最高人民法院、最高人民检察院、公安部、司法部关于
　　依法严惩利用未成年人实施黑恶势力犯罪的意见 …… 198
　　（2020年4月23日）

国家监察委员会、最高人民法院、最高人民检察院、公安部、司法部关于在扫黑除恶专项斗争中分工负责、互相配合、互相制约严惩公职人员涉黑涉恶违法犯罪问题的通知 …………………………………………… 203

（2019 年 10 月 20 日）

实 用 附 录

1. 刑事责任年龄 …………………………………… 208
2. 刑事责任能力 …………………………………… 209
3. 国家工作人员界定范围 ………………………… 210

中华人民共和国反有组织犯罪法

（2021年12月24日第十三届全国人民代表大会常务委员会第三十二次会议通过　2021年12月24日中华人民共和国主席令第101号公布　自2022年5月1日起施行）

目　录

第一章　总　　则
第二章　预防和治理
第三章　案件办理
第四章　涉案财产认定和处置
第五章　国家工作人员涉有组织犯罪的处理
第六章　国际合作
第七章　保障措施
第八章　法律责任
第九章　附　　则

第一章　总　　则

第一条　【立法目的】[①] 为了预防和惩治有组织犯罪，加强和规范反有组织犯罪工作，维护国家安全、社会秩序、经济秩序，保护公民和组织的合法权益，根据宪法，制定本法。

[①] 条文主旨为编者所加，下同。

注解

《反有组织犯罪法》①的立法目的具体包括三个方面：一是预防和惩治有组织犯罪。《反有组织犯罪法》既规定了案件办理、涉案财产认定和处置等惩治有组织犯罪方面的内容，也重视系统治理、源头治理，规定了一系列预防有组织犯罪滋生和蔓延的法律制度，以及为预防和惩治有组织犯罪提供保障的措施。

二是加强和规范反有组织犯罪工作。《反有组织犯罪法》注重加强反有组织犯罪工作，赋予办案机关必要的执法司法职权，为常态化扫黑除恶斗争提供充足的法律武器，切实保障反有组织犯罪工作取得成效。在加强执法的同时注重规范反有组织犯罪工作，为执法司法活动设定严格的法律规范，充分保障涉案单位和个人的合法权益。

三是维护国家安全、社会秩序、经济秩序。通过立法保障依法惩治有组织犯罪活动，消除有组织犯罪对社会生活和经济活动的非法控制和不法影响，维护安定有序的社会秩序，维护正常的经济秩序和营商环境。

应用

1. 制定反有组织犯罪法的依据是什么？

宪法是国家的根本法，是制定反有组织犯罪法的依据。《宪法》第二十八条规定，国家维护社会秩序，镇压叛国和其他危害国家安全的犯罪活动，制裁危害社会治安、破坏社会主义经济和其他犯罪的活动，惩办和改造犯罪分子。制定反有组织犯罪法，是在反有组织犯罪领域通过完备的法律推动宪法实施，保证宪法确立的制度和原则得到落实的重要举措。

反有组织犯罪法是关于反有组织犯罪工作的专门法律，对于完善反有组织犯罪法律制度体系，为常态化扫黑除恶工作提供法制保障具有重要意义。同时，刑法、刑事诉讼法等其他法律中关于反有组织犯罪的规定也继续有效。实践中，在根据反有组织犯罪法开展反有组织犯罪工作的同时，也应当注意处理好与刑法、刑事诉讼法等其他法律规定的衔接，注意准确适用其他相关法律的规定。按照立法法规定的法律适用原则，反有组织犯罪法对有关问题有特别规定的，应当适用反有组织犯罪法的规定。

---

① 为便于阅读，本书有关法律文件中的"中华人民共和国"字样都予以省略。

配套

《宪法》第28条

第二条　【有组织犯罪、恶势力组织的概念及境外黑社会组织的法律适用】 本法所称有组织犯罪，是指《中华人民共和国刑法》第二百九十四条规定的组织、领导、参加黑社会性质组织犯罪，以及黑社会性质组织、恶势力组织实施的犯罪。

本法所称恶势力组织，是指经常纠集在一起，以暴力、威胁或者其他手段，在一定区域或者行业领域内多次实施违法犯罪活动，为非作恶，欺压群众，扰乱社会秩序、经济秩序，造成较为恶劣的社会影响，但尚未形成黑社会性质组织的犯罪组织。

境外的黑社会组织到中华人民共和国境内发展组织成员、实施犯罪，以及在境外对中华人民共和国国家或者公民犯罪的，适用本法。

注解

本法所称有组织犯罪，是指《刑法》第二百九十四条规定的组织、领导、参加黑社会性质组织犯罪，以及黑社会性质组织、恶势力组织实施的犯罪。具体包括三个方面的犯罪：

一是《刑法》第二百九十四条规定的组织、领导、参加黑社会性质组织犯罪，即《刑法》第二百九十四条第一款规定的犯罪。具体包括组织黑社会性质组织、领导黑社会性质组织、参加黑社会性质组织三种犯罪行为。

二是黑社会性质组织实施的犯罪，即黑社会性质组织实施的刑法规定的具体犯罪。包括黑社会性质组织的组织者、领导者直接组织、策划、指挥、参与实施的犯罪；为该组织争夺势力范围、打击竞争对手、形成强势地位、谋取经济利益、树立非法权威、扩大非法影响、寻求非法保护、增强犯罪能力等实施的犯罪；黑社会性质组织成员为逞强称霸、插手纠纷、报复他人、替人行凶、非法敛财而实施的犯罪等。

三是恶势力组织实施的犯罪，即恶势力组织实施的刑法规定的具体犯罪。

应 用

2. 黑社会性质组织的特征是什么？

《刑法》第二百九十四条第五款在有关法律解释的基础上作了规定，具体包括四个方面的特征：

（1）组织特征，即形成较稳定的犯罪组织，人数较多，有明确的组织者、领导者，骨干成员基本固定。形成较稳定的犯罪组织，主要是指组织形成后，在一定时期内持续存在。对于存在、发展时间过短、犯罪活动尚不突出的，或者本条第二款规定的尚未形成黑社会性质组织的恶势力组织，或者为了某一具体目的而形成的犯罪集团等，都不属于黑社会性质组织。

（2）经济特征，即有组织地通过违法犯罪活动或者其他手段获取经济利益，具有一定的经济实力，以支持该组织的活动。有组织地通过违法犯罪活动或者其他手段获取经济利益，主要是指有组织地通过违法犯罪活动或者其他不正当手段获取经济利益；由组织成员提供或者通过其他单位、组织、个人的资助获取经济利益，也包括通过合法的经营活动获取经济利益。具有一定的经济实力，既包括通过上述方式获取一定数量的经济利益，也包括可以调动一定规模的经济资源用以支持该组织活动的能力。

（3）行为特征，即以暴力、威胁或者其他手段，有组织地多次进行违法犯罪活动，为非作恶，欺压、残害群众。使用暴力、威胁手段是黑社会性质组织实施违法犯罪活动的基本手段。对于一些暴力、威胁色彩虽不十分明显，但实际是以组织的势力、影响和能力为依托，以暴力、威胁的现实可能性为基础，对他人形成心理强制，足以限制人身自由、危及人身财产安全，影响正常社会秩序、经济秩序的手段，如有组织地进行滋扰、纠缠、哄闹、聚众造势等"软暴力"手段，根据本法第二十三条第二款的规定，可以认定为有组织犯罪的犯罪手段。有组织地多次进行违法犯罪活动，为非作恶，欺压、残害群众，主要是指为确立、维持、扩大组织的势力、影响、利益或者按照组织要求多次实施违法犯罪活动，侵犯不特定多数人的人身权利、民主权利、财产权利，破坏经济秩序、社会秩序。

（4）危害性特征，即通过实施违法犯罪活动，或者利用国家工作人员的包庇或者纵容，称霸一方，在一定区域或者行业内，形成非法控制或者重大影响，严重破坏经济、社会生活秩序。在一定区域或者行业内，形成非法控制或者重大影响，严重破坏经济、社会生活秩序，包括对一定行业的生产、经营形成垄断，或者对涉及一定行业的准入、经营、竞争等经济活动形成重要影响的；插手民间纠纷、经济纠纷，在相关区域或者行业内造成严重影响的；干扰、破坏他人正常生产、经营、生活，并在相关区域或者行业内造成严重影响的；利用组织的势力、影响，帮助组织成员或他人获取政治地位，或者在党政机关、基层组织中担任一定职务的；等等。

犯罪组织应当同时具备上述四个方面的特征，才能认定为黑社会性质组织。

3. 恶势力组织的特征是什么？

对恶势力组织的特征，可以从三个方面的具体特征和一个总体特征来把握：

三个方面的具体特征：

（1）组织特征，即经常纠集在一起，具有一定的组织性。这是恶势力组织区别于为特定犯罪目的临时形成的犯罪组织的特征。根据《最高人民法院、最高人民检察院、公安部、司法部关于办理恶势力刑事案件若干问题的意见》，恶势力一般为3人以上，纠集者相对固定。纠集者，是指在恶势力实施的违法犯罪活动中起组织、策划、指挥作用的违法犯罪分子。

（2）行为特征，即以暴力、威胁或者其他手段，在一定区域或者行业领域内多次实施违法犯罪活动，为非作恶，欺压群众。暴力、威胁也是恶势力组织实施犯罪的基本手段，"其他手段"也包括本法第二十三条第二款规定的"软暴力"手段。"行业领域"既包括交通运输、资源开采、集贸市场等合法行业，也包括黄赌毒等非法领域。"多次实施违法犯罪活动"，根据《最高人民法院、最高人民检察院、公安部、司法部关于办理恶势力刑事案件若干问题的意见》，是指于2年之内，以暴力、威胁或者其他手段，在一定区域或者行业内多次实施违法犯罪活动，且包括纠集者在内，至少应有2名相同的成员多次参与实施违法犯罪活动。

（3）危害性特征，即扰乱社会秩序、经济秩序，造成较为恶劣的社会影响。恶势力犯罪集团应当具备"为非作恶、欺压百姓"特征，其行为"造成较为恶劣的社会影响"，因而实施违法犯罪活动必然具有一定的公然性，且手段应具有较严重的强迫性、压制性。普通犯罪集团实施犯罪活动如仅为牟取不法经济利益，缺乏造成较为恶劣社会影响的意图，在行为方式的公然性、犯罪手段的强迫压制程度等方面与恶势力犯罪集团存在区别，可按犯罪集团处理，但不应认定为恶势力犯罪集团。（最高人民法院指导案例187号：吴强等敲诈勒索、抢劫、故意伤害案）

一个总体特征是尚未形成黑社会性质组织。即恶势力组织在组织上还不及黑社会性质组织严密稳定，在行为上不及黑社会性质组织恶劣，在危害性上不及黑社会性质组织的非法控制或者重大影响，更不具备黑社会性质组织的经济特征。从犯罪组织发展的规律来看，恶势力组织是黑社会性质组织的前身、雏形，如果不加以打击惩治，很可能在一段时期后发展为黑社会性质组织。

配套

《刑法》第294条；《全国人民代表大会常务委员会关于〈中华人民共和国刑法〉第二百九十四条第一款的解释》；《最高人民法院、最高人民检察院、公安部、司法部关于办理恶势力刑事案件若干问题的意见》第4-12条

第三条　【反有组织犯罪工作方针】反有组织犯罪工作应当坚持总体国家安全观，综合运用法律、经济、科技、文化、教育等手段，建立健全反有组织犯罪工作机制和有组织犯罪预防治理体系。

注解

《国家安全法》第三条规定，国家安全工作应当坚持总体国家安全观，以人民安全为宗旨，以政治安全为根本，以经济安全为基础，以军事、文化、社会安全为保障，以促进国际安全为依托，维护各领域国家安全，构建国家安全体系，走中国特色国家安全道路。

配套

《国家安全法》第3条

第四条　【反有组织犯罪工作原则】反有组织犯罪工作应当坚持专门工作与群众路线相结合，坚持专项治理与系统治理相结合，坚持与反腐败相结合，坚持与加强基层组织建设相结合，惩防并举、标本兼治。

应用

4. 反有组织犯罪的工作原则是什么?

一是反有组织犯罪工作应当坚持专门工作与群众路线相结合。黑恶势力犯罪对人民生命财产安全和获得感、幸福感造成严重威胁,与有组织犯罪作斗争,必须坚持以人民为中心的发展思想,践行"一切为了群众、一切依靠群众""从群众中来,到群众中去"的群众路线,实行专门工作与群众路线相结合。专项斗争的实践证明,这是我们克敌制胜的重要法宝,具有鲜明的中国特色,是做好反有组织犯罪工作必须长期坚持的重要原则。《国家安全法》第九条规定,维护国家安全,应当坚持预防为主、标本兼治,专门工作与群众路线相结合,充分发挥专门机关和其他有关机关维护国家安全的职能作用,广泛动员公民和组织,防范、制止和依法惩治危害国家安全的行为。《刑事诉讼法》第六条中规定,人民法院、人民检察院和公安机关进行刑事诉讼,必须依靠群众。本条规定的这一原则与国家安全法和刑事诉讼法的规定是衔接一致的。

二是反有组织犯罪工作应当坚持专项治理与系统治理相结合。"专项治理"是指针对黑恶势力犯罪活动滋生和蔓延的具体领域、具体问题,精准施策,"靶向治疗",解决突出问题,化解风险隐患。"系统治理"是指从犯罪控制和社会治理的全局着眼,综合运用多种措施手段,从源头上减少和预防有组织犯罪。专项治理与系统治理相结合的原则,体现了整体与局部并重,当前与长远相结合的辩证思维,有利于实现长治久安。本法第二章关于预防和治理的规定,特别是关于重点行业治理的规定体现了这一原则。

三是反有组织犯罪工作应当坚持与反腐败相结合。我国的社会治理体系和政府与社会的关系与西方不同,从多年来扫黑除恶斗争的实践经验来看,虽然"保护伞"的存在不是认定黑社会性质组织的必要条件,但黑恶势力的发展壮大,离不开掌握相关领域公权力的公职人员的包庇纵容甚至参与。扫黑除恶专项斗争取得胜利的重要经验,就是坚持政法机关与纪检监察机关密切协作配合,对黑恶势力与保护伞"一案双查"。

四是反有组织犯罪工作应当坚持与加强基层组织建设相结合。这里规定的"基层组织",是指基层群众性自治组织,即村民委员会、居民委员会。

五是反有组织犯罪工作应当惩防并举、标本兼治。这一原则是指既要注重对有组织犯罪活动的依法惩治,又要重视通过多种手段进行反有组织犯罪预防治理。通过惩治和治理两手抓,实现打击和震慑"治标"与建立长效机制"治本"的结合,促进社会长治久安。本条规定的前四项原则都体现了惩防并举、标本兼治的精神。

配套

《国家安全法》第9条;《刑事诉讼法》第6条;《公安机关反有组织犯罪工作规定》第3条

第五条 【依法进行反有组织犯罪工作、尊重和保障人权】 反有组织犯罪工作应当依法进行,尊重和保障人权,维护公民和组织的合法权益。

配套

《宪法》第5条第1款、第33条第3款;《国家安全法》第7条;《刑事诉讼法》第2条

第六条 【有关国家机关的反有组织犯罪工作职责】 监察机关、人民法院、人民检察院、公安机关、司法行政机关以及其他有关国家机关,应当根据分工,互相配合,互相制约,依法做好反有组织犯罪工作。

有关部门应当动员、依靠村民委员会、居民委员会、企业事业单位、社会组织,共同开展反有组织犯罪工作。

注解

监察机关负责公职人员涉有组织犯罪的职务违法、职务犯罪的监督、调查、处置。人民法院负责有组织犯罪案件的审判,审核裁定减刑、假释。人民检察院负责有组织犯罪案件的批准逮捕、提起公诉、涉有组织犯罪的司法工作人员有关职务犯罪案件的侦查。公安机关不仅负责有组织犯罪案件的线索核查、侦查、拘留、执行逮捕、预审,还负责会同民政、市场监管等行业主管部门开展基层组织候选人资格审查、行业治理等工作。司法行政机关负责有组织犯罪罪犯的刑罚执行,提请减刑、假释。其他有关国家机关也承担

相应的反有组织犯罪工作职责,如教育部门负责对学生进行反有组织犯罪宣传教育,民政部门负责会同有关部门对基层组织候选人资格进行审查,市场监管、金融监管、自然资源、交通运输等行业主管部门负责会同公安机关,对相关行业领域内有组织犯罪情况进行监测分析,对有组织犯罪易发的行业领域加强监督管理等。

监察机关、人民法院、人民检察院、公安机关、司法行政机关以及其他有关国家机关,在反有组织犯罪工作中应当既互相配合,又互相制约。

互相配合,是指有关国家机关在预防和惩治有组织犯罪活动,维护国家安全、社会秩序、经济秩序、保护公民和组织的合法权益方面有着共同的目标,要依照法律规定,在党的统一领导下,在正确履行各自职责的基础上,互相支持,形成合力,共同完成反有组织犯罪工作任务。不能违反法律规定,各行其是,互不通气,甚至互相掣肘。

互相制约,是指有关国家机关在反有组织犯罪工作中,特别是监察机关、人民法院、人民检察院、公安机关、司法行政机关在有组织犯罪和相关职务犯罪案件的调查和刑事诉讼中,为防止和及时纠正可能发生的错误,通过程序上的相互制约,以保证案件办理等工作质量,正确适用法律惩治犯罪、保障人权。互相制约主要体现在法律规定的办案程序上。

应用

5. 在办理涉黑涉恶犯罪案件中,有关国家机关应如何协调配合?

办理涉黑涉恶犯罪案件中,要充分运用检察机关上下级领导体制优势,加强与公安机关的配合协调,提升办案质效。一是多个个案可能会在不同地域管辖办理,检察机关要提前介入侦查,引导取证,仔细梳理每一份证据,寻找关联案件的连接点,及时建议将关联案件指定同一公安机关管辖。二是在审查起诉过程中,及时并案审查,坚持深挖彻查,通过补充侦查,强化涉黑组织犯罪的整体把握,从多个个案中提炼出黑社会性质组织犯罪"四个特征",对黑社会性质组织犯罪整体评价。三是对定性分歧等问题主动加强与公安机关、司法行政机关的工作衔接与配合,充分听取辩护律师意见,做到证据及时补充完善,问题及时处理到位。(张某甲等14人组织、领导、参加黑社会性质组织案——充分发挥诉前引导作用,准确认定黑社会性质组织犯罪[检察机关开展扫黑除恶专项斗争典型案例选编(第三辑)])

> 配套

《宪法》第127条第2款、第140条;《监察法》第4条第2款;《刑事诉讼法》第7条;《公安机关反有组织犯罪工作规定》第6条

第七条 【协助、配合义务及对协助、配合方给予保护】 任何单位和个人都有协助、配合有关部门开展反有组织犯罪工作的义务。

国家依法对协助、配合反有组织犯罪工作的单位和个人给予保护。

> 配套

《刑事诉讼法》第64条

第八条 【举报、表彰和奖励】 国家鼓励单位和个人举报有组织犯罪。

对举报有组织犯罪或者在反有组织犯罪工作中作出突出贡献的单位和个人,按照国家有关规定给予表彰、奖励。

> 注解

"举报"是指当事人以外的其他知情人向公安机关、人民检察院、人民法院、全国扫黑办等机关检举、揭发有组织犯罪犯罪嫌疑人的犯罪事实或者犯罪嫌疑人线索的行为。"举报有组织犯罪",是指举报与有组织犯罪相关的行为,举报的对象包括实施有组织犯罪的组织和个人,也包括有组织犯罪行为背后的"保护伞"。举报的形式是多样的,有关单位和个人可以亲自到有关部门举报,也可以通过信件、邮件、电话、网络平台举报,可以口头提出,也可以书面提出,举报可以实名,也可以匿名。

> 配套

《宪法》第41条;《刑事诉讼法》第57条、第64条、第81条、第110-112条

第二章 预防和治理

第九条 【有组织犯罪的预防和治理工作】 各级人民政府和有关部门应当依法组织开展有组织犯罪预防和治理工作,将有组织犯罪预防和治理工作纳入考评体系。

村民委员会、居民委员会应当协助人民政府以及有关部门开展有组织犯罪预防和治理工作。

注解

"各级人民政府"包括国务院和地方各级人民政府。根据《宪法》第八十五条的规定,中华人民共和国国务院,即中央人民政府,是最高国家权力机关的执行机关,是最高国家行政机关;根据《地方各级人民代表大会和地方各级人民政府组织法》的规定,"地方各级人民政府",是地方各级国家权力机关的执行机关,是地方各级国家行政机关,包括省、自治区、直辖市、自治州、县、自治县、市、市辖区、乡、民族乡、镇人民政府。

"有关部门",主要是指承担有组织犯罪预防和治理职责的相关部门,如全国扫黑除恶专项斗争领导小组及其办公室,各有关部门保留相应领导和办事机构;监察机关、人民法院、人民检察院、公安机关、司法行政机关等;教育、民政、市场监管、金融监管、自然资源、交通运输、电信网络、反洗钱等行业主管部门;移民管理、海关、海警等部门。

有组织犯罪预防和治理工作中,各级人民政府和有关部门是职责主体,村民委员会、居民委员会应当在人民政府及有关部门的组织下,协助开展本法规定的相关预防和治理工作。

配套

《宪法》第85条;《地方各级人民代表大会和地方各级人民政府组织法》第2条、第61条;《村民委员会组织法》第2条、第5条、第9条;《城市居民委员会组织法》第2条、第3条

第十条 【反有组织犯罪的宣传教育】 承担有组织犯罪预防和治理职责的部门应当开展反有组织犯罪宣传教育,增强公民的反有组织犯罪意识和能力。

监察机关、人民法院、人民检察院、公安机关、司法行政机关应当通过普法宣传、以案释法等方式,开展反有组织犯罪宣传教育。

新闻、广播、电视、文化、互联网信息服务等单位,应当有针对性地面向社会开展反有组织犯罪宣传教育。

注解

监察机关、人民法院、人民检察院、公安机关、司法行政机关是有组织犯罪的办案机关,宣传教育具有一定的特殊性。这些部门的宣传教育通过普法宣传、以案释法等方式开展。这里所说的"普法宣传"是普及法律常识宣传的简称,是我国在全体公民中进行大规模普及法律常识的宣传教育活动,旨在使全体公民增强法治观念,知法守法,养成依法办事的习惯。这里所说的"以案释法",主要是指监察官、法官、检察官、行政执法人员、律师以及其他有关人员结合办理的案件和工作,围绕案件事实、证据程序和法律适用等问题进行释法说理、开展法治宣传教育的活动。通过办理案件以案释法,增强全民法治观念,推进法治社会建设。

这里所说的"新闻、广播、电视、文化、互联网信息服务等单位"是从事新闻、广播、电视、文化、互联网信息服务的媒体等单位,而不是新闻、广播、电视、文化、互联网的主管部门。这里的"信息服务等单位"既包括利用电视、广播、报纸、期刊杂志、户外广告牌等传统媒体的单位,也包括借助手机、网络电视、博客、播客、视频、微信、抖音等新媒体、新平台。

上述单位应当结合国内国际反有组织犯罪的形势,把握时机,对不同的人群、事件等有针对性地开展形式多样的宣传教育工作,如宣传、普及有组织犯罪的成因、表现形式、危害后果,及时报道有关信息;在有组织犯罪案件多发易发地区、领域、行业经常性播放预防有组织犯罪的音像制品、网络视频,出版和发行有关反有组织犯罪的书刊;报道扫黑除恶重大举措、显著成效和见义勇为等先进典型。

应用

6. 承担有组织犯罪预防和治理职责的部门包括哪些?

承担有组织犯罪预防和治理职责的部门是指对有组织犯罪预防和治理负有职责的部门,具体包括中央成立的全国扫黑除恶专项斗争领导小组及其办公室,地方各级党委和有关部门保留的扫黑除恶领导小组和办事机构,以及本法第二章规定的有关部门,如各级人民政府,监察机关、人民法院、人民检察院、公安机关、司法行政机关等,教育、民政、市场监管、金融监管、自然资源、交通运输、电信网络、反洗钱、移民管理、海关、海警等部门,村民委员会、居民委员会等基层群众性自治组织。

配套

《公安机关反有组织犯罪工作规定》第 8 条

第十一条 【教育行政部门、学校的义务】 教育行政部门、学校应当会同有关部门建立防范有组织犯罪侵害校园工作机制,加强反有组织犯罪宣传教育,增强学生防范有组织犯罪的意识,教育引导学生自觉抵制有组织犯罪,防范有组织犯罪的侵害。

学校发现有组织犯罪侵害学生人身、财产安全,妨害校园及周边秩序的,有组织犯罪组织在学生中发展成员的,或者学生参加有组织犯罪活动的,应当及时制止,采取防范措施,并向公安机关和教育行政部门报告。

应用

7. 有组织犯罪组织在学生中发展成员或者学生参加有组织犯罪活动的,学校应当如何处理?

一是及时制止。"及时制止"是指制止有组织犯罪侵害学生的行为继续发生,制止有组织犯罪组织继续在学生中发展成员,制止学生参加有组织犯罪活动。

二是采取防范措施。"采取防范措施"主要是指防止学生继续遭受有组织犯罪侵害或者参与有组织犯罪活动的有关措施,如将学生带到安全区域,由专门人员对学生予以保护;不让黑恶组织成员接触学生;通知学生家长,由家长将学生带离校园等防范措施。

三是向公安机关和教育行政部门报告。"向公安机关和教育行政部门报告"是指学校在制止有关违法犯罪行为的同时，还需向公安机关和教育行政部门报告，由公安机关对违法犯罪行为依法作出处理，由教育行政部门对涉事学生进行妥善安排，以维护学生的最大利益。学校无权自行处理或者隐瞒不报。

> 配套

《最高人民法院、最高人民检察院、公安部、司法部关于依法严惩利用未成年人实施黑恶势力犯罪的意见》；《关于建立侵害未成年人案件强制报告制度的意见（试行）》；《公安机关反有组织犯罪工作规定》第9条

第十二条　【村（居）民委员会成员候选人资格审查制度】 民政部门应当会同监察机关、公安机关等有关部门，对村民委员会、居民委员会成员候选人资格进行审查，发现因实施有组织犯罪受过刑事处罚的，应当依照有关规定及时作出处理；发现有组织犯罪线索的，应当及时向公安机关报告。

> 注解

在实践操作中，一般是由乡镇对候选人的资格进行初审，初审符合条件的，再由县级组织、民政部门联合监察、公安、检察院、法院、司法行政等部门进行资格联审，符合条件的，才能成为正式候选人，再由村民、居民选举产生村（居）民委员会成员。

> 配套

《城市居民委员会组织法》第8条、第12条；《村民委员会组织法》第13条、第15条；《公安机关反有组织犯罪工作规定》第12条

第十三条　【行业预防治理的长效机制】 市场监管、金融监管、自然资源、交通运输等行业主管部门应当会同公安机关，建立健全行业有组织犯罪预防和治理长效机制，对相关行业领域内有组织犯罪情况进行监测分析，对有组织犯罪易发的行业领域加强监督管理。

应用

8. 有组织犯罪易发的行业领域包括哪些?

这里所说的"易发的行业领域",主要是指曾经发生黑恶势力组织犯罪或者容易发生黑恶势力组织犯罪的重点行业领域。根据2018年至2020年开展的为期三年扫黑除恶专项斗争的实践总结,易发的行业领域主要有金融放贷、工程建设、交通运输、市场流通、自然资源、生态环境、文化旅游、教育卫生、信息网络和社会治安等行业领域。相关行业领域的主管部门对本行业领域内的公司、企业、场所应当进行监测分析,对有组织犯罪易发的行业领域需要重点关注,及时发现问题,堵塞漏洞,防范黑恶势力组织犯罪。

配套

《公安机关反有组织犯罪工作规定》第13条

第十四条 【监察和政法机关的意见建议】 监察机关、人民法院、人民检察院、公安机关在办理案件中发现行业主管部门有组织犯罪预防和治理工作存在问题的,可以书面向相关行业主管部门提出意见建议。相关行业主管部门应当及时处理并书面反馈。

注解

监察机关、人民法院、人民检察院、公安机关提出意见建议必须是在办理案件中发现的问题,这里所说的"办理案件",主要是指监察机关办理职务违法和职务犯罪案件;人民法院审判案件;人民检察院办理检察、批准逮捕、直接受理案件的侦查、提起公诉案件;公安机关办理侦查、拘留、执行逮捕、预审案件。

监察机关、人民法院、人民检察院、公安机关可以书面向相关行业主管部门提出意见建议。这里所说的"书面向相关行业主管部门提出意见建议",主要是指扫黑除恶专项斗争的"三书一函",即监察机关的监察建议书、人民法院的司法建议书、人民检察院的检察建议书、公安机关的公安提示函。

"及时处理",就是要求相关行业主管部门在收到"三书一函"建议后,应当高度重视,认真核实,对存在的问题切实整改落实,对于不存在问题的要及时予以说明。"书面反馈",就是要求相关行业主管部门不仅对"三书一函"提出的意见建议切实落实，还要在落实以后以书面形式反馈给提出意见建议的监察机关、人民法院、人民检察院、公安机关。

配套

《监察法》第 4 条；《刑事诉讼法》第 4 条；《公安机关反有组织犯罪工作规定》第 14-18 条

第十五条 【重点区域、行业领域、场所的预防治理】公安机关可以会同有关部门根据本地有组织犯罪情况，确定预防和治理的重点区域、行业领域或者场所。

重点区域、行业领域或者场所的管理单位应当采取有效措施，加强管理，并及时将工作情况向公安机关反馈。

注解

"根据本地有组织犯罪情况"，主要是指根据本区域、行业领域、场所曾发生黑恶势力组织犯罪、存在滋生黑恶势力组织犯罪风险以及社会治安综合治理等情况。"区域"，是指一定的地域空间，如社区、广场、商品批发城等；"行业"，是指生产、服务或其他经济社会的经营单位或者个体的组织结构体系，又称为产业，如金融、交通运输、自然资源、市场流通、文化旅游、信息网络等；"领域"，是指一种专门活动或一种特定范围，如收保护费的市霸、行霸，经营"黄赌毒"，非法高利放贷，暴力讨债，经营地下钱庄等；"场所"，是指特定建筑物或公共空间活动处所，如学校、歌舞厅、酒吧、网吧等。这里所说的"重点区域、行业领域或者场所"，主要是指易发生有组织犯罪，需要重点监测、整治、管理的区域、行业领域或者场所。

配套

《公安机关反有组织犯罪工作规定》第 19 条

第十六条 【防范有组织犯罪信息的传播】电信业务经营者、互联网服务提供者应当依法履行网络信息安全管理义务，采取安全技术防范措施，防止含有宣扬、诱导有组织犯罪内容的信息传播；发现含有宣扬、诱导有组织犯罪内容的信息的，应当立即停止传输，采取消除等处置措施，保存相关记录，并向公安机关或者有关部门报告，依法为公安机关侦查有组织犯罪提供技术支持和协助。

网信、电信、公安等主管部门对含有宣扬、诱导有组织犯罪内容的信息，应当按照职责分工，及时责令有关单位停止传输、采取消除等处置措施，或者下架相关应用、关闭相关网站、关停相关服务。有关单位应当立即执行，并保存相关记录，协助调查。对互联网上来源于境外的上述信息，电信主管部门应当采取技术措施，及时阻断传播。

应 用

9. 电信业务经营者、互联网服务提供者应当履行哪些义务？

（1）履行网络安全管理义务，即电信业务经营者、互联网服务提供者应当按照网络安全等级保护制度的要求，采取安全技术防范措施，防止含有宣扬、诱导有组织犯罪内容的信息传播，主要是制定内部安全管理制度和操作规程，确定网络安全负责人，落实网络安全保护责任，也就是要建立相应的管理制度，包括网站安全保障制度、信息安全保密管理制度、用户信息安全管理制度等。

（2）及时处置违法信息的义务，即电信业务经营者、互联网服务提供者除履行网络安全管理义务外，还应当履行以下义务：一是在提供服务过程中，应当对网上信息和网络日志信息记录进行备份和留存。二是及时发现、处置违法信息并向有关部门报告。电信业务经营者、互联网服务提供者应当按照本法和有关规定，落实网络安全、信息内容监督制度和安全技术防范措施，防止含有宣扬、诱导有组织犯罪内容的信息传播；发现含有宣扬、诱导有组织犯罪内容的信息的，应当立即停止传输，在停止传输的同时，还及时采取消除等处置措施，保存相关记录以备查询，防止上述信息继续在网络上出现，并向公安机关或者有关部门报告。

（3）提供技术支持和协助义务，即依法为公安机关侦查有组织犯罪提供技术支持和协助。电信业务经营者、互联网服务提供者提供技术支持和协助的前提必须是公安机关因为侦查有组织犯罪的需要，而且必须是依法提供，也就是说必须按照法律、行政法规和有关规定的要求提供，对于不符合要求的则不能提供。这里所说的"提供技术支持和协助"，主要是指电信业务经营者、互联网服务提供者应当根据公安机关侦查有组织犯罪的需要，通过电信、互联网技术手段，为公安机关提供必要的支持和协助，如为公安机关提供有组织犯罪组织和个人的有关数据；为获取有组织犯罪组织和个人有关数据提供相关通道等技术支持。

配套

《网络安全法》第8条、第21条、第28条、第47条、第48条、第50条、第69条；《刑法》第286条之一；《全国人民代表大会常务委员会关于维护互联网安全的决定》第7条；《全国人民代表大会常务委员会关于加强网络信息保护的决定》第5条、第6条；《电信条例》第57条、第62条；《互联网信息服务管理办法》第6条、第13条、第14条、第15条、第18条；《公安机关反有组织犯罪工作规定》第10条

第十七条　【履行反洗钱义务】 国务院反洗钱行政主管部门、国务院其他有关部门、机构应当督促金融机构和特定非金融机构履行反洗钱义务。发现与有组织犯罪有关的可疑交易活动的，有关主管部门可以依法进行调查，经调查不能排除洗钱嫌疑的，应当及时向公安机关报案。

注解

"金融机构"，是指依法履行反洗钱义务的金融机构，根据《反洗钱法》第三十四条规定，是指依法设立的从事金融业务的政策性银行、商业银行、信用合作社、邮政储汇机构、信托投资公司、证券公司、期货经纪公司、保险公司以及国务院反洗钱行政主管部门确定并公布的从事金融业务的其他机构。"特定非金融机构"，是指除金融机构以外的依法履行反洗钱义务的其他相关机构。

应用

10. 金融机构和特定非金融机构的反洗钱义务包括哪些内容？

根据《反洗钱法》以及《金融机构反洗钱规定》《金融机构大额交易和

可疑交易报告管理办法》等规定，金融机构和特定非金融机构的反洗钱义务主要包括以下内容：一是建立健全反洗钱的内部控制制度；二是建立客户身份识别制度，即在与客户建立业务关系或与其进行交易时，应当要求客户出示真实有效的身份证件或者其他身份证明文件，进行核对并登记；三是建立客户身份资料和交易记录保存制度，包括在与客户业务关系存续期间，客户身份资料发生变更的，及时更新客户身份资料；将客户身份资料和交易信息保存一定时间；四是建立大额交易和可疑交易报告制度，即在其经营过程中对经办的超过规定金额或者发现可疑交易情形，应当及时向反洗钱信息中心报告；等等。此外，由于特定非金融机构的种类、业务等情况比较复杂，《反洗钱法》第三十五条规定，特定非金融机构履行反洗钱义务的范围、其履行的义务和对其监督管理的具体办法，由国务院反洗钱行政主管部门会同国务院有关部门制定。

配 套

《反洗钱法》第2-4条、第8条、第10条、第13条、第15条、第16条、第18-20条、第23-26条、第32条、第34条、第35条；《中国人民银行法》第4条、第32条；《银行业监督管理法》第15条；《证券法》第179条；《保险法》第9条；《刑法》第191条、第312条；《金融机构反洗钱规定》；《金融机构大额交易和可疑交易报告管理办法》；《公安机关反有组织犯罪工作规定》第46条

第十八条 【监管、教育、矫正和安置帮教】监狱、看守所、社区矫正机构对有组织犯罪的罪犯，应当采取有针对性的监管、教育、矫正措施。

有组织犯罪的罪犯刑满释放后，司法行政机关应当会同有关部门落实安置帮教等必要措施，促进其顺利融入社会。

注 解

安置帮教包括对刑满释放的有组织犯罪人员给与生活保障、就业和教育保障等。做好安置帮教工作有利于通过家庭的温暖、社会的帮助使其更快地融入社会，也是防止有组织犯罪再犯的重要措施之一。解决好刑满释放人员

的就业安置和再教育问题,是做好安置帮教的关键。如加强职业技能培训与就业指导相衔接,结合刑满释放人员的特长、性格、知识储备、个人意愿及在监狱、看守所和社区矫正机构的表现等情况,为其推荐和联系实习、培训和就业单位。及时了解婚姻家庭关系、邻里关系情况。教育部门应积极与学校沟通联系,积极帮助协调解决未成年子女的抚养和教育等问题,对于刑满释放后适龄或有主动上学意愿的帮助接受相应教育。

配套

《监狱法》第2条、第3条、第4条、第37条、第62条;《社区矫正法》第2条、第3条、第24条、第36条

第十九条 【个人财产及日常活动报告制度】 对因组织、领导黑社会性质组织被判处刑罚的人员,设区的市级以上公安机关可以决定其自刑罚执行完毕之日起,按照国家有关规定向公安机关报告个人财产及日常活动。报告期限不超过五年。

应用

11. 个人财产及日常活动报告制度的适用对象、决定程序、报告内容以及报告期限是什么?

(1) 适用对象,是因组织、领导黑社会性质的组织被判处刑罚的人员。即根据《刑法》第二百九十四条第一款规定,因组织、领导黑社会性质组织犯罪被判处七年以上有期徒刑,并处没收财产的罪犯。公安机关应当会同刑罚执行机关,根据罪犯的犯罪情节、服刑期间改造表现对其社会危险性、再犯罪的可能性进行评估,对确有必要在刑满释放后继续采取监督管理措施的,才决定适用这一制度。

(2) 决定程序。决定适用个人财产及日常活动报告制度的主体是设区的市级以上公安机关,即设区的市、自治州、地区,包括省级公安机关和公安部。

(3) 报告的内容。被公安机关决定适用报告制度的人员应当"按照国家有关规定向公安机关报告个人财产及日常活动"。"个人财产"是指个人拥有的存款、债券、股票、基金份额、房产、汽车等财产。"日常活动"是指个人重要的活动情况,如个人去向、从业情况、开办企业情况等。

(4) 报告的期限。报告的期限是刑罚执行完毕之日起不超过五年。这里规定的"刑罚执行完毕",应当是指主刑执行完毕。"不超过五年"是指报告的最长期限是五年,公安机关可以根据报告人员的具体情况,在五年以下确定具体期限。

配套

《刑法》第294条;《公安机关反有组织犯罪工作规定》第20-25条

第二十条　【任职审查及监管】曾被判处刑罚的黑社会性质组织的组织者、领导者或者恶势力组织的首要分子开办企业或者在企业中担任高级管理人员的,相关行业主管部门应当依法审查,对其经营活动加强监督管理。

注解

"曾被判处刑罚"并不局限于因犯组织、领导、参加黑社会性质组织罪而被判处刑罚,还可以包括其他犯罪行为,但同时要符合黑社会性质组织的组织者、领导者或者恶势力组织的首要分子的特定身份,如黑社会性质组织的组织者、领导者或者恶势力组织的首要分子因诈骗被判处刑罚的即符合本条规定的情形。对于"刑罚"的种类没有限制。

黑社会性质组织的组织者、领导者不限于黑社会性质组织的发起者、创建者,包括在组织中实际处于领导地位,对于整个组织及其运行、活动起着决策、指挥、协调、管理作用的犯罪分子。

"高级管理人员"与《公司法》的规定基本一致。根据《公司法》第二百一十六条规定,高级管理人员,是指公司的经理、副经理、财务负责人,上市公司董事会秘书和公司章程规定的其他人员。

配套

《刑法》第37条之一;《公司法》第146条、第216条;《全国人民代表大会常务委员会关于〈中华人民共和国刑法〉第二百九十四条第一款的解释》

第二十一条　【境外黑社会组织入境管理】移民管理、海关、海警等部门应当会同公安机关严密防范境外的黑社会组织入境渗透、发展、实施违法犯罪活动。

出入境证件签发机关、移民管理机构对境外的黑社会组织的人员，有权决定不准其入境、不予签发入境证件或者宣布其入境证件作废。

移民管理、海关、海警等部门发现境外的黑社会组织的人员入境的，应当及时通知公安机关。发现相关人员涉嫌违反我国法律或者发现涉嫌有组织犯罪物品的，应当依法扣留并及时处理。

注解

公安机关在工作中发现境外的黑社会组织的人员可能入境渗透、发展、实施违法犯罪活动的，根据工作需要，可以通知移民管理、海关、海警等部门并提出处置建议。移民管理、海关、海警等部门发现境外的黑社会组织的人员入境并通知公安机关的，公安机关应当及时依法处理。

配套

《反恐怖主义法》第39条、第40条；《海警法》第5条；《出境入境管理法》第21条、第59条、第60条；《公安机关反有组织犯罪工作规定》第26条

第三章 案件办理

第二十二条 【案件办理原则和刑事政策】 办理有组织犯罪案件，应当以事实为根据，以法律为准绳，坚持宽严相济。

对有组织犯罪的组织者、领导者和骨干成员，应当严格掌握取保候审、不起诉、缓刑、减刑、假释和暂予监外执行的适用条件，充分适用剥夺政治权利、没收财产、罚金等刑罚。

有组织犯罪的犯罪嫌疑人、被告人自愿如实供述自己的罪行，承认指控的犯罪事实，愿意接受处罚的，可以依法从宽处理。

注解

宽严相济刑事政策对于最大限度地预防和减少犯罪、化解社会矛盾、维护社会和谐具有重要意义。有组织犯罪作为众多刑事犯罪中的类型之一，也适用宽严相济的刑事政策，实践中要根据犯罪的具体情况，做到该宽则宽，当严则严，宽严相济，罚当其罪，对于认罪悔罪态度好，接受刑罚处罚，有改造的积极性、主动性的犯罪嫌疑人、被告人，应当给予宽大处理，有利于最大限度减少社会对立，促进社会和谐稳定。

《最高人民法院、最高人民检察院、公安部、国家安全部、司法部关于适用认罪认罚从宽制度的指导意见》对认罪认罚从宽制度的适用在实体和程序方面作出规定。

适用认罪认罚要有"认罪""认罚"两个方面的态度和行为。认罪主要是指犯罪嫌疑人、被告人自愿如实供述自己的罪行，承认指控的犯罪事实，是一种积极主动的认罪态度。认罚主要是指真诚悔罪，接受处罚。"从宽"包括实体上的从宽和程序上的从宽，实体上的主要是对自首、坦白等具有认罪认罚性质的情节，可以在检察机关的量刑建议中作为量刑依据；程序上的主要是结合有组织犯罪人员的行为性质、情节、危害等，可以采取取保候审、监视居住等措施。在落实认罪认罚从宽的同时也必须要坚持刑法、刑事诉讼法的基本原则。

配套

《刑法》第27条、第50条第2款、第81条第2款；《刑事诉讼法》第6条；《最高人民法院、最高人民检察院、公安部、国家安全部、司法部关于适用认罪认罚从宽制度的指导意见》

第二十三条 【利用网络、"软暴力"手段实施黑恶犯罪的认定】 利用网络实施的犯罪，符合本法第二条规定的，应当认定为有组织犯罪。

为谋取非法利益或者形成非法影响，有组织地进行滋扰、纠缠、哄闹、聚众造势等，对他人形成心理强制，足以限制人身自由、危及人身财产安全，影响正常社会秩序、经济秩序的，可以认定为有组织犯罪的犯罪手段。

注解

"利用网络实施犯罪"是指以网络作为工具实施犯罪。根据《最高人民法院、最高人民检察院、公安部、司法部关于办理利用信息网络实施黑恶势力犯罪刑事案件若干问题的意见》第十二条的规定，通过线上线下相结合的方式，有组织地多次利用信息网络实施违法犯罪活动，侵犯不特定多人的人身权利、民主权利、财产权利，破坏经济秩序、社会秩序的，应当认定为符合《刑法》第二百九十四条第五款第三项规定的黑社会性质组织行为特征。单纯通过线上方式实施的违法犯罪活动，且不具有为非作恶、欺压残害群众特征的，一般不应作为黑社会性质组织行为特征的认定依据。

应用

12. 利用信息网络实施违法犯罪的黑恶势力组织特征是什么？

根据《最高人民法院、最高人民检察院、公安部、司法部关于办理利用信息网络实施黑恶势力犯罪刑事案件若干问题的意见》第十条的规定，认定利用信息网络实施违法犯罪的黑恶势力组织特征，要从违法犯罪的起因、目的，以及组织、策划、指挥、参与人员是否相对固定，组织形成后是否持续进行犯罪活动、是否有明确的职责分工、行为规范、利益分配机制等方面综合判断。利用信息网络实施违法犯罪的黑恶势力组织成员之间一般通过即时通讯工具、通讯群组、电子邮件、网盘等信息网络方式联络，对部分组织成员通过信息网络方式联络实施黑恶势力违法犯罪活动，即使相互未见面、彼此不熟识，不影响对组织特征的认定。

13. 什么是"软暴力"？

"软暴力"是指为谋取非法利益或者形成非法影响，有组织地进行滋扰、纠缠、哄闹、聚众造势等，对他人形成心理强制，足以限制人身自由、危及人身财产安全，影响正常社会秩序、经济秩序的行为。《最高人民法院、最高人民检察院、公安部、司法部关于办理实施"软暴力"的刑事案件若干问题的意见》，对"软暴力"的表现形式作了规定，具体包括跟踪贴靠、扬言传播疾病、揭发隐私、恶意举报、诬告陷害、破坏、霸占财物等侵犯人身权利、民主权利、财产权利的手段；贴报喷字、拉挂横幅、燃放鞭炮、播放哀乐、摆放花圈、断水断电、堵门阻工，以及通过驱赶从业人员、派驻人员据守等方式直接或间接控制厂房、办公区、经营场所等扰乱正常生活、工作、生产、经营秩序的手段;摆场架势示威、聚众哄闹滋扰、拦路闹事等扰乱社会秩序的手段。在实践中,行为方式是多样的,需要达到"对他人形成心理强制,足以限制人身自由、危及人身财产安全,影响正常社会秩序、经济秩序"的程度,才能认定为"软暴力"。

配套

《刑法》第274条、第287条之一、第287条之二、第290条、第293条、第293条之一;《最高人民法院、最高人民检察院、公安部、司法部关于办理实施"软暴力"的刑事案件若干问题的意见》;《最高人民法院、最高人民检察院、公安部、司法部关于办理利用信息网络实施黑恶势力犯罪刑事案件若干问题的意见》;《公安机关反有组织犯罪工作规定》第35条

第二十四条 【线索收集处置】公安机关应当依法运用现代信息技术,建立有组织犯罪线索收集和研判机制,分级分类进行处置。

公安机关接到对有组织犯罪的报案、控告、举报后,应当及时开展统计、分析、研判工作,组织核查或者移送有关主管机关依法处理。

注解

主要是在对报案、控告、举报内容分析研判的基础上,筛查出有效线索和信息,根据重要性、紧迫性、危害性、涉密性等作进一步分级处理,对于线索和信息内容涉及的有组织犯罪的类型、罪名等作初步研判,为下一步移送到对应有管辖权的机关作前置处理。

配套

《刑事诉讼法》第19条;《反恐怖主义法》第77条;《国家安全法》第53条;《最高人民法院、最高人民检察院、公安部、司法部关于办理利用信息网络实施黑恶势力犯罪刑事案件若干问题的意见》;《公安机关反有组织犯罪工作规定》第27条

第二十五条 【国家机关线索移送】有关国家机关在履行职责时发现有组织犯罪线索,或者接到对有组织犯罪的举报的,应当及时移送公安机关等主管机关依法处理。

> 注 解

《国家监察委员会、最高人民法院、最高人民检察院、公安部、司法部关于在扫黑除恶专项斗争中分工负责、互相配合、互相制约严惩公职人员涉黑涉恶违法犯罪问题的通知》,对监察机关、公安机关、人民检察院、人民法院、司法行政机关发现有组织犯罪线索的移送作出明确规定:监察机关、公安机关、人民检察院、人民法院、司法行政机关要建立公职人员涉黑涉恶违法犯罪线索移送制度,对工作中收到、发现的不属于本单位管辖的公职人员涉黑涉恶违法犯罪线索,应当及时移送有管辖权的单位处置。公安机关、人民检察院、人民法院、司法行政机关在工作中发现公职人员涉黑涉恶违法犯罪中的涉嫌贪污贿赂、失职渎职等职务违法和职务犯罪等应由监察机关管辖的问题线索,应当移送监察机关。监察机关在信访举报、监督检查、审查调查等工作中发现公职人员涉黑涉恶违法犯罪线索的,应当将其中涉嫌包庇、纵容黑社会性质组织犯罪等由公安机关管辖的案件线索移送公安机关处理。监察机关、公安机关、人民检察院、人民法院、司法行政机关在工作中发现司法工作人员涉嫌利用职权实施的侵犯公民权利、损害司法公正案件线索的,根据有关规定,经沟通后协商确定管辖机关。

此外,本法第十三条规定市场监管、金融监管、自然资源、交通运输等行业主管部门应当会同公安机关对行业领域内有组织犯罪情况进行监测分析,并加强治理。因此,这些行业监管部门在监督管理过程中发现有组织犯罪的线索、情况等应及时移送公安机关等部门,做好行政管理与刑事侦查的衔接。

> 应 用

14. 对黑恶势力案件的举报主要通过哪些方式来实现?

对黑恶势力案件的举报主要是通过电话、信件、网络、信访等方式实现,包括公安机关、检察机关、人民法院在受理控告、申诉、信访案件及政府信访部门在接访过程中的举报。目前已在全国推出智能化举报平台12377,

可以通过电话、扫码或者点击网址链接（https：//www.12377.cn/）的方式发布举报信息，举报种类上可以进行线索举报、行业乱象举报，还可以在平台上实时查询处理进度。

配 套

《国家监察委员会、最高人民法院、最高人民检察院、公安部、司法部关于在扫黑除恶专项斗争中分工负责、互相配合、互相制约严惩公职人员涉黑涉恶违法犯罪问题的通知》

第二十六条 【线索调查和信息收集】公安机关核查有组织犯罪线索，可以按照国家有关规定采取调查措施。公安机关向有关单位和个人收集、调取相关信息和材料的，有关单位和个人应当如实提供。

注 解

有组织犯罪线索由县级公安机关负责核查，上级公安机关认为必要时可以提级核查或者指定其他公安机关核查。上级公安机关应当加强对线索核查工作的监督指导，必要时可以组织抽查、复核。

对有组织犯罪线索，经县级以上公安机关负责人批准后启动核查。核查有组织犯罪线索，可以依照有关法律和规定采取询问、查询、勘验、检查、鉴定和调取证据材料等不限制被调查对象人身、财产权利的调查措施。采取前款规定的调查措施，依照《公安机关办理刑事案件程序规定》的有关规定进行审批，制作法律文书。公安机关向有关单位和个人收集、调取相关信息和材料时，应当告知其必须如实提供。

配 套

《刑法》第96条；《反恐怖主义法》第51条；《刑事诉讼法》第54条；《公安机关办理刑事案件电子数据取证规则》；《公安机关办理刑事案件程序规定》；《公安机关反有组织犯罪工作规定》第28-29条

第二十七条 【查询财产信息和紧急止付、临时冻结、临时扣押的紧急措施】公安机关核查有组织犯罪线索，经县级以上公安机关负责人批准，可以查询嫌疑人员的存款、汇款、债券、股票、基金份额等财产信息。

公安机关核查黑社会性质组织犯罪线索，发现涉案财产有灭失、转移的紧急风险的，经设区的市级以上公安机关负责人批准，可以对有关涉案财产采取紧急止付或者临时冻结、临时扣押的紧急措施，期限不得超过四十八小时。期限届满或者适用紧急措施的情形消失的，应当立即解除紧急措施。

注解

公安机关查询嫌疑人员的财产信息，应当是核查有组织犯罪线索的需要，所要查询的财产必须是嫌疑人员的财产。公安机关查询嫌疑人员的财产信息，有关单位和个人应当予以配合，为查询工作提供方便、提供协助，不得阻碍。适用的审批程序作了规定，要求经县级以上公安机关负责人批准，才能采取该措施。

配套

《刑事诉讼法》第144条；《反洗钱法》第26条；《商业银行法》第29条、第30条；《公安机关办理刑事案件程序规定》第174条；《公安机关反有组织犯罪工作规定》第30条

第二十八条　【立案侦查】公安机关核查有组织犯罪线索，发现犯罪事实或者犯罪嫌疑人的，应当依照《中华人民共和国刑事诉讼法》的规定立案侦查。

注解

根据《公安机关办理刑事案件程序规定》的规定，刑事案件由犯罪地的公安机关管辖。如果由犯罪嫌疑人居住地的公安机关管辖更为适宜的，可以由犯罪嫌疑人居住地的公安机关管辖。几个公安机关都有权管辖的刑事案件，由最初受理的公安机关管辖。必要时，可以由主要犯罪地的公安机关管辖。对管辖不明确或者有争议的刑事案件，可以由有关公安机关协商。协商不成的，由共同的上级公安机关指定管辖。

公安机关在核查有组织犯罪线索时，发现犯罪事实或者犯罪嫌疑人并属

于自己管辖的,应当依法立案。对认为不属于自己管辖的,按照法律和有关规定移送有权管辖的公安机关。

配套

《刑事诉讼法》第109条、第113条;《监察法》第34条;《公安机关办理刑事案件程序规定》第29条、第30条;《公安机关反有组织犯罪工作规定》第32条

第二十九条 【限制出境措施】公安机关办理有组织犯罪案件,可以依照《中华人民共和国出境入境管理法》的规定,决定对犯罪嫌疑人采取限制出境措施,通知移民管理机构执行。

注解

《出境入境管理法》第十二条规定:"中国公民有下列情形之一的,不准出境:(一)未持有效出境入境证件或者拒绝、逃避接受边防检查的;(二)被判处刑罚尚未执行完毕或者属于刑事案件被告人、犯罪嫌疑人的;(三)有未了结的民事案件,人民法院决定不准出境的;(四)因妨害国(边)境管理受到刑事处罚或者因非法出境、非法居留、非法就业被其他国家或者地区遣返,未满不准出境规定年限的;(五)可能危害国家安全和利益,国务院有关主管部门决定不准出境的;(六)法律、行政法规规定不准出境的其他情形。"

与有组织犯罪案件办理相关的主要是其中两种情形:(1)被判处刑罚尚未执行完毕或者属于刑事案件被告人、犯罪嫌疑人的。如果因有组织犯罪被判处刑罚尚未执行完毕,或者涉嫌有组织犯罪已经被立案侦查等,属于犯罪嫌疑人、被告人的,公安机关可依法决定不准出境。因此,对于有组织犯罪线索应当及时核查,采取有关调查措施,发现犯罪事实或者犯罪嫌疑人的,应及时依法立案,这样如需要对有组织犯罪嫌疑人采取有关限制出境措施时就不会有障碍,及时满足办案需要。(2)可能危害国家安全和利益,国务院有关主管部门决定不准出境的。实践中有的涉嫌有组织犯罪人员,由于证据或者有关程序等原因,公安机关还未采取立案侦查等措施,有关人员不属于犯罪嫌疑人、被告人,有关案件线索还在进一步核查中,这时不能依据《出境入境管理法》第十二条第二项规定的情形决定对其限制出境,但如果案件

重大，可能危害国家安全和利益的，公安部、国家移民管理机构也可依法决定，采取限制出境措施。当然，如果相关人员具有《出境入境管理法》规定的"未持有效出入境证件或者拒绝、逃避接受边防检查的""有未了结的民事案件，人民法院决定不准出境的""因妨害国（边）境管理受到刑事处罚或者因非法出境、非法居留、非法就业被其他国家或者地区遣返，未满不准出境规定年限的""法律、行政法规规定不准出境的其他情形"四项情形的，可依法决定采取限制出境措施。

【配套】

《刑事诉讼法》第71条、第77条；《出境入境管理法》第12条；《反恐怖主义法》第39条；《公安机关反有组织犯罪工作规定》第38条

第三十条　【羁押措施】 对有组织犯罪案件的犯罪嫌疑人、被告人，根据办理案件和维护监管秩序的需要，可以采取异地羁押、分别羁押或者单独羁押等措施。采取异地羁押措施的，应当依法通知犯罪嫌疑人、被告人的家属和辩护人。

【应用】

15. 什么是异地羁押、分别羁押以及单独羁押？

异地羁押是指对有组织犯罪案件的犯罪嫌疑人、被告人可以采取异地羁押，包括跨市县、跨省羁押措施。本法第三十五条还对异地执行刑罚作了规定，黑社会性质组织的组织者、领导者或者恶势力组织的首要分子被判处十年以上有期徒刑、无期徒刑、死刑缓期二年执行的，应当跨省、自治区、直辖市异地执行刑罚。

分别羁押是指对同一有组织犯罪案件的犯罪嫌疑人、被告人根据人员情况将他们分别羁押在不同看守所或者不同监舍，在看守所的室外活动分开进行，不能接触，避免他们互相联系，出现串供等情况。

单独羁押是指对犯罪嫌疑人、被告人在单独监舍一个人隔离进行羁押，既是维护监管秩序的需要，防范危险行为，也是有效、彻底防范串供、通风报信的需要。

配 套

《刑事诉讼法》第85条、第93条;《反恐怖主义法》第29条;《看守所条例》第14条;《公安机关反有组织犯罪工作规定》第39条

第三十一条 【特殊侦查措施】公安机关在立案后,根据侦查犯罪的需要,依照《中华人民共和国刑事诉讼法》的规定,可以采取技术侦查措施、实施控制下交付或者由有关人员隐匿身份进行侦查。

注 解

公安机关采取本条规定的有关特殊技术侦查措施必须在"立案"后,对于在有组织犯罪案件刑事立案以前,或者在有关调查核查阶段,未依法立案的,不得采取本条规定的特殊侦查措施。该措施的适用要依照刑事诉讼法的规定,包括有关侦查措施的适用条件、对象、程序等都应当依照刑事诉讼法的规定进行。公安机关是否采取技术侦查措施要"根据侦查犯罪的需要",即并不意味着公安机关只要办理有组织犯罪案件都必须采取技术侦查措施,而是要根据侦查犯罪的需要,结合有组织犯罪涉及的具体犯罪情况、收集获取证据的需要等。

应 用

16. 什么是技术侦查措施?

技术侦查措施,是指侦查机关为侦查犯罪需要,根据国家有关规定,采取的一种特殊侦查措施,包括记录监控、行踪监控、通信监控、场所监控等措施,如电子侦听、电话监听、电子监控、秘密拍照或者秘密录像、秘密获取某些物证、邮件检查等专门技术手段。随着科学技术的发展,技术侦查手段也会不断地发展变化。技术侦查措施的适用对象是犯罪嫌疑人、被告人以及与犯罪活动直接关联的人员。

《公安机关办理刑事案件程序规定》依据刑事诉讼法规定,对适用技术侦查措施的情形作了进一步明确规定。除了法律明确规定的危害国家安全犯罪、恐怖活动犯罪、黑社会性质的组织犯罪、重大毒品犯罪案件以外,还规定了故意杀人、故意伤害致人重伤或者死亡、强奸、抢劫、绑架、放火、爆

炸、投放危险物质等严重暴力犯罪案件；集团性、系列性、跨区域性重大犯罪案件；利用电信、计算机网络、寄递渠道等实施的重大犯罪案件，以及针对计算机网络实施的重大犯罪案件；以及依法可能判处七年以上有期徒刑的其他严重危害社会的犯罪案件。

根据《刑事诉讼法》第一百五十一条、第一百五十二条等的规定，对有组织犯罪采取技术侦查措施，特别需要注意执行以下规定：（1）采取技术侦查措施需要经过严格的批准手续，批准决定应当根据侦查犯罪的需要，确定采取技术侦查措施的种类和适用对象。（2）批准决定自签发之日起三个月以内有效。对于不需要继续采取技术侦查措施的，应当及时解除；对于复杂、疑难案件，期限届满仍有必要继续采取技术侦查措施的，经过批准，有效期可以延长，每次不得超过三个月。（3）采取技术侦查措施，必须严格按照批准的措施种类、适用对象和期限执行。同时，根据刑事诉讼法的规定，公安机关依法采取技术侦查措施，有关单位和个人应当配合，并对有关情况予以保密。

17. 什么是控制下交付？

控制下交付主要是指侦查机关在发现非法或可疑交易后，在对交易活动进行秘密监控的情况下，允许非法、可疑物品或者用于犯罪的货币继续流转，从而查明参与该项犯罪的人员，彻底查明该案件。实践中主要是在侦破诸如毒品、走私、假币等犯罪中使用。是否实施控制下交付，应当由侦查机关根据侦查犯罪的需要决定。

18. 什么是有关人员隐匿身份侦查？

《刑事诉讼法》第一百五十三条第一款规定："为了查明案情，在必要的时候，经公安机关负责人决定，可以由有关人员隐匿其身份实施侦查。但是，不得诱使他人犯罪，不得采用可能危害公共安全或者发生重大人身危险的方法。"采取隐匿身份侦查的"有关人员"，既包括公安机关的侦查人员，也包括侦查机关指派的适宜进行隐匿身份实施侦查的其他人员。根据刑事诉讼法的规定，采取隐匿身份实施侦查的，应当经公安机关负责人批准，也就是说，批准权由县级以上各级公安机关负责人行使。

配 套

《刑事诉讼法》第 150-153 条；《公安机关办理刑事案件程序规定》第 263 条；《公安机关反有组织犯罪工作规定》第 40 条

第三十二条 【分案处理】犯罪嫌疑人、被告人检举、揭发重大犯罪的其他共同犯罪人或者提供侦破重大案件的重要线索或者证据，同案处理可能导致其本人或者近亲属有人身危险的，可以分案处理。

> 注解

适用分案处理的原因或者基础是，犯罪嫌疑人、被告人检举、揭发重大犯罪的其他共同犯罪人或者提供侦破重大案件的重要线索或者证据。

分案处理的重要条件是，同案处理可能导致其本人或者近亲属有人身危险的。同案处理是否会对本人或者近亲属造成人身危险，由办案机关具体确定。根据刑事诉讼法的规定，"近亲属"是指夫、妻、父、母、子、女、同胞兄弟姊妹。

分案处理在证据标准和程序方面同样必须依法进行，不得影响案件公正处理。分案应当遵循有利于案件顺利办理、有利于查明案件事实、有利于公正定罪量刑的基本原则，确保有效质证、事实统一、准确定罪、均衡量刑。

> 配套

《刑事诉讼法》第64条；《刑法》第68条

第三十三条 【从宽处罚情形】犯罪嫌疑人、被告人积极配合有组织犯罪案件的侦查、起诉、审判等工作，有下列情形之一的，可以依法从宽处罚，但对有组织犯罪的组织者、领导者应当严格适用：

（一）为查明犯罪组织的组织结构及其组织者、领导者、首要分子的地位、作用提供重要线索或者证据的；

（二）为查明犯罪组织实施的重大犯罪提供重要线索或者证据的；

（三）为查处国家工作人员涉有组织犯罪提供重要线索或者证据的；

（四）协助追缴、没收尚未掌握的赃款赃物的；

(五)其他为查办有组织犯罪案件提供重要线索或者证据的情形。

对参加有组织犯罪组织的犯罪嫌疑人、被告人不起诉或者免予刑事处罚的,可以根据案件的不同情况,依法予以训诫、责令具结悔过、赔礼道歉、赔偿损失,或者由主管部门予以行政处罚或者处分。

注解

从宽处罚包括从轻、减轻或者免除处罚。如何从宽处罚应当依照刑法的规定执行。根据具体情形,构成《刑法》第六十八条规定的立功、第六十七条规定的自首、特别自首或者坦白规定等法定从宽处罚情节的,依照刑法规定的从宽处罚种类执行,相关从宽情形刑法没有规定为法定从宽情节的,也可依法酌定从宽处罚,酌定从宽处罚不包括减轻处罚或者免除处罚,犯罪分子不具有刑法规定的减轻处罚情节,但是根据案件的特殊情况,需要减轻处罚的,应当依法经最高人民法院核准。另外,从轻处罚是指在法定刑档次内酌情从宽量刑;减轻处罚是指在法定刑以下判处刑罚,刑法规定有数个量刑幅度的,应当在法定量刑幅度的下一个量刑幅度内判处刑罚;免除处罚,是指免除追究刑事责任,根据《刑法》第三十七条的规定,对于犯罪情节轻微不需要判处刑罚的,可以免予刑事处罚。具体适用何种从宽处罚种类,需要结合刑法、本条规定以及案件和行为人的具体情况依法确定。

对不予刑事处罚的犯罪嫌疑人、被告人可依法给予非刑罚处罚、行政处罚或者处分的适用对象是参加有组织犯罪组织的犯罪嫌疑人、被告人,包括积极参加和一般参加人员。对有组织犯罪的组织者、领导者一般不会作不起诉或者免予刑事处罚。根据案件情况,依法予以训诫、责令具结悔过、赔礼道歉、赔偿损失,或者由主管部门予以行政处罚或者处分。对于依法免予刑事处罚,并应当给予行政处罚或者处分的,应由主管部门作出相关决定。

配套

《刑法》第37条;《公安机关反有组织犯罪工作规定》第44条

第三十四条 【对黑社会性质组织人员的财产处罚】对黑社会性质组织的组织者、领导者,应当依法并处没收财产。对其他组织成员,根据其在犯罪组织中的地位、作用以及所参与违法犯罪活动的次数、性质、违法所得数额、造成的损失等,可以依法并处罚金或者没收财产。

注解

黑社会性质组织的"组织者",是指倡导、发起、策划、建立黑社会性质组织的人员;黑社会性质组织的"领导者",是指在黑社会性质组织中处于领导地位,对该组织的活动进行策划、决策、指挥、协调的人员。"依法",是指应当根据刑法的规定对这些犯罪人员判处财产刑,主要是依据《刑法》第二百九十四条的规定,组织、领导黑社会性质的组织的,处七年以上有期徒刑,并处没收财产。这里的"并处没收财产",是指对黑社会性质组织的组织者、领导者在判处主刑的同时,并处没收财产的附加刑。根据《刑法》第五十九条的规定,没收财产是没收犯罪分子个人所有财产的一部或者全部。没收全部财产的,应当对犯罪分子个人及其扶养的家属保留必需的生活费用。在判处没收财产的时候,不得没收属于犯罪分子家属所有或应有的财产。第六十条规定,没收财产以前犯罪分子所负的正当债务,需要以没收的财产偿还的,经债权人请求,应当偿还。

对黑社会性质组织的其他组织成员,根据其在犯罪组织中的地位、作用以及所参与违法犯罪活动的次数、性质、违法所得数额、造成的损失等,可以依法并处罚金或者没收财产。这里的"其他组织成员"是指黑社会性质组织的组织者、领导者以外的组织成员。积极参加的,除处三年以上七年以下有期徒刑外,可以并处罚金或者没收财产;其他参加的,除处三年以下有期徒刑、拘役、管制或者剥夺政治权利外,可以并处罚金。这里的"可以依法并处罚金或者没收财产",主要是指依照《刑法》第二百九十四条第一款规定的对"积极参加的"人员,在处以主刑的同时"可以并处罚金或者没收财产";对"其他参加的"人员,在处以主刑的同时"可以并处罚金"。

> **配套**

《刑法》第26条、第52条、第53条、第59条、第60条、第64条、第194条

第三十五条 【对有组织犯罪的罪犯从严管理】 对有组织犯罪的罪犯，执行机关应当依法从严管理。

黑社会性质组织的组织者、领导者或者恶势力组织的首要分子被判处十年以上有期徒刑、无期徒刑、死刑缓期二年执行的，应当跨省、自治区、直辖市异地执行刑罚。

> **注解**

本条规定的"有组织犯罪的罪犯"并不限定罪犯所触犯的具体罪名、罪犯在犯罪中是主犯还是从犯、在犯罪中的作用和犯罪危害性的大小，以及刑罚如何执行等，只要罪犯因有组织犯罪被起诉和处以刑罚，就属于这里的"有组织犯罪的罪犯"。

本条规定的"执行机关"，根据法院判决的刑罚不同，分别可能是监狱、看守所、公安机关、人民法院、社区矫正机构等执行刑罚的机关。

执行机关应当对罪犯的管理和处遇依法从严。监狱、看守所、公安机关、社区矫正机构等执行刑罚的机关应当对有组织犯罪的罪犯严格执行。执行机关应当在减刑、假释、暂予监外执行等方面依法从严管理。减刑、假释、暂予监外执行等特殊的刑罚执行制度需从严做好实质审查工作。从严管理需要依法。这里的依法包括刑法、刑事诉讼法、反有组织犯罪法、社区矫正法等相关法律法规的规定。

> **应用**

19. 什么是异地执行刑罚？

"异地执行刑罚"，是指在有组织犯罪有组织、有规模地实施犯罪活动的地域或者长期居住的区域以外的地方，对有组织犯罪的罪犯执行刑罚。黑社会性质组织的组织者、领导者或者恶势力组织的首要分子被判处十年以上有期徒刑、无期徒刑、死刑缓期二年执行的，应当跨省、自治区、直辖市异地执行刑罚。

(1) 适用对象。其一，黑社会性质组织的组织者、领导者；其二，恶势力组织的首要分子。这两类罪犯在黑社会性质组织和恶势力组织中都居于核心地位，是组织、策划、指挥有组织犯罪的最主要人员。

(2) 刑期条件。这些罪犯需要"被判处十年以上有期徒刑、无期徒刑、死刑缓期二年执行的"才应当异地执行。根据《刑法》第二百九十四条规定，组织、领导黑社会性质的组织的，处七年以上有期徒刑，并处没收财产。因此，并不是所有的黑社会性质组织的组织者、领导者都一概异地执行，只有被判处十年以上有期徒刑、无期徒刑、死刑缓刑二年执行的才属于异地执行的对象。此外，根据《刑法》第二十六条的规定，对组织、领导犯罪集团的首要分子，按照集团所犯的全部罪行处罚。恶势力组织的首要分子要按照恶势力犯罪集团所犯的全部罪行处罚，如果被判处十年以上有期徒刑、无期徒刑、死刑缓刑二年执行的，也属于异地执行的对象。

配套

《刑法》第26条、第97条、第294条；《刑事诉讼法》第264条、第268条、第269条、第271条、第272条

第三十六条 【特定的有组织犯罪的罪犯减刑、假释程序】
对被判处十年以上有期徒刑、无期徒刑、死刑缓期二年执行的黑社会性质组织的组织者、领导者或者恶势力组织的首要分子减刑的，执行机关应当依法提出减刑建议，报经省、自治区、直辖市监狱管理机关复核后，提请人民法院裁定。

对黑社会性质组织的组织者、领导者或者恶势力组织的首要分子假释的，适用前款规定的程序。

应用

20. 对被判处十年以上有期徒刑、无期徒刑、死刑缓期二年执行的黑社会性质组织的组织者、领导者或者恶势力组织的首要分子是否可以减刑？

(1) "减刑"首先需要符合刑法的规定。根据罪犯被判处刑罚的主刑是有期徒刑、无期徒刑还是死刑缓期二年执行，执行机关应当依照刑法的相关规定对能否减刑作出判断。

《刑法》第七十八条规定:"被判处管制、拘役、有期徒刑、无期徒刑的犯罪分子,在执行期间,如果认真遵守监规,接受教育改造,确有悔改表现的,或者有立功表现的,可以减刑;有下列重大立功表现之一的,应当减刑:(一)阻止他人重大犯罪活动的;(二)检举监狱内外重大犯罪活动,经查证属实的;(三)有发明创造或者重大技术革新的;(四)在日常生产、生活中舍己救人的;(五)在抗御自然灾害或者排除重大事故中,有突出表现的;(六)对国家和社会有其他重大贡献的。减刑以后实际执行的刑期不能少于下列期限:(一)判处管制、拘役、有期徒刑的,不能少于原判刑期的二分之一;(二)判处无期徒刑的,不能少于十三年;(三)人民法院依照本法第五十条第二款规定限制减刑的死刑缓期执行的犯罪分子,缓期执行期满后依法减为无期徒刑的,不能少于二十五年,缓期执行期满后依法减为二十五年有期徒刑的,不能少于二十年。"

对于死刑缓期二年执行的减刑,《刑法》第五十条规定:"判处死刑缓期执行的,在死刑缓期执行期间,如果没有故意犯罪,二年期满以后,减为无期徒刑;如果确有重大立功表现,二年期满以后,减为二十五年有期徒刑;如果故意犯罪,情节恶劣的,报请最高人民法院核准后执行死刑;对于故意犯罪未执行死刑的,死刑缓期执行的期间重新计算,并报最高人民法院备案。对被判处死刑缓期执行的累犯以及因故意杀人、强奸、抢劫、绑架、放火、爆炸、投放危险物质或者有组织的暴力性犯罪被判处死刑缓期执行的犯罪分子,人民法院根据犯罪情节等情况可以同时决定对其限制减刑。"

(2)执行机关提出"减刑建议"。《刑法》第七十九条规定:"对于犯罪分子的减刑,由执行机关向中级以上人民法院提出减刑建议书。人民法院应当组成合议庭进行审理,对确有悔改或者立功事实的,裁定予以减刑。非经法定程序不得减刑。"

《刑事诉讼法》第二百七十三条第二款规定:"被判处管制、拘役、有期徒刑或者无期徒刑的罪犯,在执行期间确有悔改或者立功表现,应当依法予以减刑、假释的时候,由执行机关提出建议书,报请人民法院审核裁定,并将建议书副本抄送人民检察院。人民检察院可以向人民法院提出书面意见。"

对于死刑缓期二年执行的罪犯的减刑,《监狱法》第三十一条规定:"被判处死刑缓期二年执行的罪犯,在死刑缓期执行期间,符合法律规定的减为无期徒刑、有期徒刑条件的，二年期满时，所在监狱应当及时提出减刑建议，报经省、自治区、直辖市监狱管理机关审核后，提请高级人民法院裁定。

（3）"报经省、自治区、直辖市监狱管理机关复核"是对特定的有组织犯罪的罪犯予以减刑的特别程序。这里规定的"复核"程序，需要在执行机关依法提出减刑建议并审核同意后，先由省、自治区、直辖市监狱管理机关复核，再向人民法院提请裁定。

（4）"提请人民法院裁定"。依照《刑法》《刑事诉讼法》《监狱法》的相关规定，考虑罪犯处以有期徒刑、无期徒刑、死刑缓期二年执行刑罚的不同，依法由中级人民法院或者高级人民法院进行裁定。

配套

《刑法》第26条、第27条、第50条、第78条、第79条、第81条、第82条、第294条；《刑事诉讼法》第273条；《监狱法》第30条、第31条、第32条；《最高人民法院关于减刑、假释案件审理程序的规定》

第三十七条　【人民法院审理减刑、假释案件的程序规定】人民法院审理黑社会性质组织犯罪罪犯的减刑、假释案件，应当通知人民检察院、执行机关参加审理，并通知被报请减刑、假释的罪犯参加，听取其意见。

注解

《刑法》第七十九条、第八十二条规定，对于犯罪分子非经法定程序不得减刑、假释。这里的法定程序需由执行机关提出减刑建议书或假释建议书，报人民法院审核裁定，人民法院应当组成合议庭进行审理。

"通知人民检察院参加"并没有附带额外条件，不管人民检察院在人民法院审理前就执行机关提出减刑、假释建议的内容是否持反对意见，都需要人民检察院参加审理。"通知执行机关参加审理"，其目的是方便执行机关进一步就提出减刑、假释建议作出解释和说明，也有利于人民法院更全面充分地了解罪犯悔罪改造的情况。人民检察院和执行机关的意见，对人民法院具有参考意义。对减刑、假释案件是否作出裁定的最终决定权在人民法院。

"通知被报请减刑、假释的罪犯参加，听取其意见"有利于人民法院进一步向报请减刑、假释的罪犯核实情况。合议庭成员如果对报请的情况有疑问的，可以向被报请减刑、假释的罪犯提问、了解情况，特别是证明罪犯确有悔改表现或者立功、重大立功表现的真实性，一些涉及发明创造、技术革新或者其他贡献的，可以了解该成果是否系罪犯在执行期间独立完成等；对于假释案件，还可以综合考察并了解罪犯的年龄、身体状况、性格特征、假释后生活来源以及监管条件等影响再犯罪的因素等。

应用

21. 人民法院在审理减刑、假释案件前，应当审查执行机关移送的哪些材料？

《最高人民法院关于适用〈中华人民共和国刑事诉讼法〉的解释》第五百三十五条规定："受理减刑、假释案件，应当审查执行机关移送的材料是否包括下列内容：（一）减刑、假释建议书；（二）原审法院的裁判文书、执行通知书、历次减刑裁定书的复制件；（三）证明罪犯确有悔改、立功或者重大立功表现具体事实的书面材料；（四）罪犯评审鉴定表、奖惩审批表等；（五）罪犯假释后对所居住社区影响的调查评估报告；（六）刑事裁判涉财产部分、附带民事裁判的执行、履行情况；（七）根据案件情况需要移送的其他材料。人民检察院对报请减刑、假释案件提出意见的，执行机关应当一并移送受理减刑、假释案件的人民法院。经审查，材料不全的，应当通知提请减刑、假释的执行机关在三日以内补送；逾期未补送的，不予立案。"

这里还需要注意的是，对判处十年以上有期徒刑、无期徒刑、死刑缓期二年执行的黑社会性质组织的组织者、领导者的减刑案件，以及黑社会性质组织的组织者、领导者的假释案件是否符合本法第三十六条的规定，即经省、自治区、直辖市监狱管理机关复核后再由适格的执行机关提请人民法院作出裁定的情况，需要一并审查。

配套

《刑法》第79条、第82条；《刑事诉讼法》第273条；《最高人民法院关于减刑、假释案件审理程序的规定》第1条、第2条、第5条、第6条、第7条；《人民检察院刑事诉讼规则》第637条；《最高人民法院关于适用〈中华人民共和国刑事诉讼法〉的解释》第534条、第535条、第538条、第650条

第三十八条 【办理减刑、假释案件要考虑财产刑的履行和涉案财产的处置情况】 执行机关提出减刑、假释建议以及人民法院审理减刑、假释案件,应当充分考虑罪犯履行生效裁判中财产性判项、配合处置涉案财产等情况。

应用

22. "生效裁判中的财产性判项"是指什么?

"生效裁判中的财产性判项",是指刑事判决书中对涉案财产作出的处理决定和刑事判决的财产性刑罚。根据刑法等法律的规定,"财产性判项"涉及涉案财物及财产刑的内容。《刑法》第六十四条规定,犯罪分子违法所得的一切财物,应当予以追缴或者责令退赔;对被害人的合法财产,应当及时返还;违禁品和供犯罪所用的本人财物,应当予以没收。没收的财物和罚金,一律上缴国库,不得挪用和自行处理。根据上述规定,如果案件涉及非法所得财物、被害人的合法财产、违禁品和供犯罪所用的本人财物等情况的,刑事判决中会作出相应的处理。同时,人民法院还会对被告人判处财产刑,包括罚金和没收财产,对于刑事附带民事诉讼的案件,刑事判决中的财产性判项还包括民事赔偿等。

23. "配合处置涉案财产"包括哪些情形?

"配合处置涉案财产等情况"有较多的情形,如配合执行机关处理被扣押、冻结的债券、股票、基金份额以及有效期即将届满的汇票、本票、支票;协助处置被查封的涉案不动产和置于该不动产上不宜移动的设施等财物;协助处置涉案的车辆、船舶、航空器和大型机械、设备等需要定期维护保值的财物;帮助办理相关权属的关系变更、转移登记等手续;积极退赔被害人损失;帮助执行本法所规定的追缴、没收等值财产或者混合财产中的等值部分;积极履行附带民事诉讼判决的内容等。

配套

《最高人民法院关于减刑、假释案件审理程序的规定》第5条;《最高人民法院关于办理减刑、假释案件具体应用法律的规定》第2条、第3条、第27条、第38条;《最高人民法院关于办理减刑、假释案件具体应用法律的补充规定》第1条;《最高人民法院关于适用〈中华人民共和国刑事诉讼法〉的解释》第536条

第四章 涉案财产认定和处置

第三十九条 【办理有组织犯罪案件对涉案财物进行查封、扣押、冻结】办理有组织犯罪案件中发现的可用以证明犯罪嫌疑人、被告人有罪或者无罪的各种财物、文件，应当依法查封、扣押。

公安机关、人民检察院、人民法院可以依照《中华人民共和国刑事诉讼法》的规定查询、冻结犯罪嫌疑人、被告人的存款、汇款、债券、股票、基金份额等财产。有关单位和个人应当配合。

> 应 用

24. 可以依法查询、冻结犯罪嫌疑人、被告人的财产的适用主体有哪些？

适用主体为公安机关、人民检察院、人民法院。这些主体是办理有组织犯罪案件各环节的主体。办案主体要依照刑事诉讼法的规定查询、冻结财产。刑事诉讼法中对公安机关、人民检察院、人民法院在符合相关条件的情况下查询、冻结犯罪嫌疑人、被告人财产作了明确的规定。相关财产属于犯罪嫌疑人、被告人或者与其犯罪有牵连的人的存款、汇款、债券、股票、基金份额。当依法有权进行查询、冻结涉案财产的公安机关、人民检察院、人民法院实施查询、冻结措施时，有关单位和个人必须配合。这里的"配合"主要是指为查询、冻结工作提供方便和协助，履行冻结手续，不得以保密为由阻碍等。

> 配 套

《刑事诉讼法》第102条、第115条、第117条、第141条、第144条、第145条、第196条、第298条；《最高人民法院关于适用〈中华人民共和国刑事诉讼法〉的解释》第189条、第341条、第342条、第343条、第613条；《公安机关反有组织犯罪工作规定》第45条

第四十条 【对涉嫌有组织犯罪的组织及其成员财产调查】公安机关、人民检察院、人民法院根据办理有组织犯罪案件的需要，可以全面调查涉嫌有组织犯罪的组织及其成员的财产状况。

注解

1. 对财产进行调查的主体。根据《刑事诉讼法》第五十四条第一款的规定，人民法院、人民检察院和公安机关有权向有关单位和个人收集、调取证据。有关单位和个人应当如实提供证据。公安机关、人民检察院、人民法院是刑事诉讼中收集、调查、核实证据的主体，赋予其相应的财产调查权符合刑事诉讼法的内在要求。

2. 对涉嫌有组织犯罪的组织及其成员的财产状况进行调查的范围为全面调查。全面调查，是指对涉嫌有组织犯罪的组织及其成员的所有财产进行调查，而不以是否为涉案财产为限制。具体范围包括有组织犯罪组织及其成员的所有合法财产与非法财产。

3. 对涉嫌有组织犯罪的组织及其成员的财产状况进行调查的前提条件。要求公安机关、人民检察院、人民法院在办理有组织犯罪过程中，实施该财产调查措施，要根据办理有组织犯罪案件的需要。根据办理有组织犯罪案件的需要，是指办案机关认为有必要的理由对涉嫌有组织犯罪的组织及其成员财产状况进行调查，如果不采取财产调查措施，就可能导致涉案财产有关的事实、证据无法查清等后果，给有组织犯罪查处带来阻碍。只要是出于办理有组织犯罪案件的需要，公安机关、人民检察院、人民法院即有权实施财产调查措施。

配套

《最高人民法院关于刑事裁判涉财产部分执行的若干规定》第4条；《最高人民法院、最高人民检察院、公安部、司法部关于办理黑恶势力刑事案件中财产处置若干问题的意见》

第四十一条 【查封、扣押、冻结、处置涉案财物的要求】查封、扣押、冻结、处置涉案财物，应当严格依照法定条件和程序进行，依法保护公民和组织的合法财产权益，严格区分违法所得与合法财产、本人财产与其家属的财产，减少对企业正常经营活动的不利影响。不得查封、扣押、冻结与案件无关的财物。经查明确实与案件无关的财物，应当在三日以内解除查封、扣押、冻结，予以退还。对被害人的合法财产，应当及时返还。

查封、扣押、冻结涉案财物,应当为犯罪嫌疑人、被告人及其扶养的家属保留必需的生活费用和物品。

> 注解

犯罪分子的本人财产,是指属于犯罪分子本人所有的财物及其在与他人共有财产中依法应有的份额。属于犯罪分子家属的财产,是指属于与犯罪分子共同生活的家庭成员个人所有的财产和在家庭共有财产中应当占有的份额。严格区分犯罪分子本人财产与其家属的财产,主要是为了保护犯罪分子家属的合法权益,体现罪责自负,不株连无辜的原则。

"查明确实与案件无关"是指经过侦查,询问证人,讯问犯罪嫌疑人,调查核实证据,并对查封、扣押的财物进行认真分析,认定该查封、扣押的财物或冻结款项、债券、股票、基金份额等并非违法所得,也不具有证明犯罪嫌疑人是否犯罪、罪轻、罪重的作用,不能作为证据使用,与犯罪行为无任何牵连。

"三日以内解除查封、扣押、冻结,予以退还"是指自确定该查封、扣押物和冻结款项、债券、股票、基金份额等与犯罪行为无关之日起三日以内应当解除查封、扣押、冻结。这里规定的"予以退还"是指将查封、扣押财物、文件交还包括犯罪嫌疑人在内的财物、文件所有人。

> 配套

《刑法》第59条;《刑事诉讼法》第141-145条、第245条

第四十二条 【公安机关可以向反洗钱行政主管部门查询信息数据、提请协查】 公安机关可以向反洗钱行政主管部门查询与有组织犯罪相关的信息数据,提请协查与有组织犯罪相关的可疑交易活动,反洗钱行政主管部门应当予以配合并及时回复。

> 应用

25. 什么是"可疑交易活动"?

可疑交易活动,是指公安机关发现或者有合理理由怀疑有关的交易活动与有组织犯罪相关。《金融机构大额交易和可疑交易报告管理办法》第十一条规定,金融机构发现或者有合理理由怀疑客户、客户的资金或者其他资

产、客户的交易或者试图进行的交易与洗钱、恐怖融资等犯罪活动相关的,不论所涉资金金额或者资产价值大小,应当提交可疑交易报告。第十二条规定,金融机构应当制定本机构的交易监测标准,并对其有效性负责。交易监测标准包括并不限于客户的身份、行为,交易的资金来源、金额、频率、流向、性质等存在异常的情形,并应当参考以下因素:(1)中国人民银行及其分支机构发布的反洗钱、反恐怖融资规定及指引、风险提示、洗钱类型分析报告和风险评估报告。(2)公安机关、司法机关发布的犯罪形势分析、风险提示、犯罪类型报告和工作报告。(3)本机构的资产规模、地域分布、业务特点、客户群体、交易特征,洗钱和恐怖融资风险评估结论。(4)中国人民银行及其分支机构出具的反洗钱监管意见。(5)中国人民银行要求关注的其他因素。

配 套

《反洗钱法》第4条、第6条、第8条、第10条;《商业银行法》第29条、第30条;《邮政法》第3条;《金融机构大额交易和可疑交易报告管理办法》第11条、第12条;《公安机关反有组织犯罪工作规定》第46条

第四十三条 【涉案财产的先行处置】 对下列财产,经县级以上公安机关、人民检察院或者人民法院主要负责人批准,可以依法先行出售、变现或者变卖、拍卖,所得价款由扣押、冻结机关保管,并及时告知犯罪嫌疑人、被告人或者其近亲属:

(一)易损毁、灭失、变质等不宜长期保存的物品;

(二)有效期即将届满的汇票、本票、支票等;

(三)债券、股票、基金份额等财产,经权利人申请,出售不损害国家利益、被害人利益,不影响诉讼正常进行的。

注 解

"易损毁、灭失、变质等不宜长期保存的物品",主要是指因为财产自身的物理特性而导致其易损毁、灭失、变质等,不适宜长期保存,如鲜活、易腐的货物等,对于这些物品,如果不及时处理,就必然造成财物的损失。

对于易损毁、灭失、变质等不宜长期保存的物品和有效期即将届满的汇

票、本票、支票等，经县级以上公安机关、人民检察院或者人民法院主要负责人批准，即可以依法先行出售、变现或者变卖、拍卖。但是对于"债券、股票、基金份额等财产"的处置，除需经批准外，还需要满足"经权利人申请，出售不损害国家利益、被害人利益，不影响诉讼正常进行"的条件。法律之所以作出特别要求，主要是因为债券、股票、基金份额等财产的价值具有波动性，其不同于易损毁、灭失、变质等不宜长期保存的物品和有效期即将届满的汇票、本票、支票等，需要由权利人选择适当的时机进行处置。启动程序是由权利人提出申请，权利人未提出申请，扣押、冻结机关不能依职权作出先行处置决定；对权利人提出申请的，司法机关还应当审查先行处置是否会损害国家利益、被害人利益，是否影响诉讼正常进行，对于不损害国家利益、被害人利益，不影响诉讼正常进行的，才可以经批准先行处置。

配套

《刑事诉讼法》第245条；《公安机关反有组织犯罪工作规定》第47条

第四十四条 【涉案财产的甄别和处理】 公安机关、人民检察院应当对涉案财产审查甄别。在移送审查起诉、提起公诉时，应当对涉案财产提出处理意见。

在审理有组织犯罪案件过程中，应当对与涉案财产的性质、权属有关的事实、证据进行法庭调查、辩论。人民法院应当依法作出判决，对涉案财产作出处理。

注解

"审查甄别"，是要求公安机关、人民检察院、人民法院要对涉案财物的权属、来源、性质等进行审查分类，区分财物是犯罪人所有还是被害人所有，是犯罪工具还是赃款赃物，同时在本阶段程序终结时提出具体的处理意见。

配套

《刑事诉讼法》第245条；《最高人民法院、最高人民检察院、公安部、司法部关于办理黑恶势力刑事案件中财产处置若干问题的意见》第6条、第11条

第四十五条 【涉案财产的追缴、没收】有组织犯罪组织及其成员违法所得的一切财物及其孳息、收益，违禁品和供犯罪所用的本人财物，应当依法予以追缴、没收或者责令退赔。

依法应当追缴、没收的涉案财产无法找到、灭失或者与其他合法财产混合且不可分割的，可以追缴、没收其他等值财产或者混合财产中的等值部分。

被告人实施黑社会性质组织犯罪的定罪量刑事实已经查清，有证据证明其在犯罪期间获得的财产高度可能属于黑社会性质组织犯罪的违法所得及其孳息、收益，被告人不能说明财产合法来源的，应当依法予以追缴、没收。

应 用

26. 等值追缴、没收包括哪几种情形？

三种可以等值追缴、没收的情形：

第一种是应当追缴、没收的涉案财产无法找到的情形。这里指侦查机关在寻找、查处涉案财产过程中，已穷尽所有侦查手段和方法仍然无法找到相应涉案财产的情形。

第二种是涉案财产已经灭失的情况。所谓"灭失"，是指涉案财产因自然灾害、被盗、遗失等原因不复存在，包括实体消灭和丧失下落。

第三种是与其他合法财产混合且不可分割。"混合财产"，是指与其他人的财产混在一起，形成不能识别或难以识别的混合物或者混合的财产不可分割，如经添附、附和或加工后无法分割的物品、房产等。

出现上述三种法定情况，可以追缴、没收其他等值财产或者混合财产中的等值部分。"其他等值财产"，是指与应当追缴、没收的涉案财产同等价值的其他财产。"混合财产中的等值部分"，是指混合财产中与违法所得相等价值的部分。

27. 高度可能性证明标准在具体适用上应具备哪几个前提条件？

高度可能性证明标准只限于黑社会性质组织犯罪，不适用于其他犯罪和有组织犯罪中的恶势力犯罪。在具体适用上还应具备以下几个前提条件：（1）黑社会性质组织犯罪定罪量刑事实的证明标准不降低，必须达到《刑事诉讼法》第五十五条规定的证据确实、充分的程度,即:定罪量刑的事实都有证据证明;据以定案的证据均经法定程序查证属实;综合全案证据,对所认定事实已排除合理怀疑。(2)证明涉案财产为犯罪期间获得的财产。(3)涉案财产的证明标准要达到高度可能的程度,而不是较大可能性或一般可能性,从证据数量、种类、证明程度及排除合理怀疑等方面来看,已经十分接近"证据确实、充分"的证明标准。(4)从适用对象上进行严格限制,突出适用对象的特殊性。高度可能的证明标准适用的具体对象只能为黑社会性质组织犯罪的违法所得及其孳息、收益。(5)被告人对此类涉案财产处置可以提出异议。如果被告人对适用高度可能的证明标准处置涉案财产有异议,并且能够合理地说明其来源,办案机关就不应按照本规定对涉案财产进行处置,而是应当认真调查,在确认财产确实属于违法犯罪所得的情况下,根据刑法、刑事诉讼法的规定对财产作出处置。

第四十六条 【涉案财产追缴、没收的特殊情形】涉案财产符合下列情形之一的,应当依法予以追缴、没收:

(一)为支持或者资助有组织犯罪活动而提供给有组织犯罪组织及其成员的财产;

(二)有组织犯罪组织成员的家庭财产中实际用于支持有组织犯罪活动的部分;

(三)利用有组织犯罪组织及其成员的违法犯罪活动获得的财产及其孳息、收益。

注 解

本条分三项对涉案财产中应当依法予以追缴、没收的特殊情形作出规定,是对本法第四十五条财产处置规定的补充和扩展。第四十五条适用的对象为有组织犯罪组织及其成员违法犯罪活动的涉案财产,本条适用的对象则是有组织犯罪组织及其成员之外的其他人所有的涉案财产。

"家庭财产"指的是家庭中的共有合法财产。家庭财产是在家庭中全部或部分家庭成员共同所有的财产,是指家庭成员在家庭共同生活关系存续期间共同创造、共同所得的财产。"实际用于",是指家庭财产中的这部分财产,已经用于支持实际的有组织犯罪活动或者作为有组织犯罪活动的财产进行管理,已经成为犯罪资产或犯罪工具的。

> 配套

《刑法》第64条;《最高人民法院、最高人民检察院、公安部、司法部关于办理黑恶势力刑事案件中财产处置若干问题的意见》

第四十七条 【犯罪嫌疑人、被告人逃匿、死亡案件违法所得没收程序】 黑社会性质组织犯罪案件的犯罪嫌疑人、被告人逃匿,在通缉一年后不能到案,或者犯罪嫌疑人、被告人死亡,依照《中华人民共和国刑法》规定应当追缴其违法所得及其他涉案财产的,依照《中华人民共和国刑事诉讼法》有关犯罪嫌疑人、被告人逃匿、死亡案件违法所得的没收程序的规定办理。

> 注解

违法所得没收程序适用的具体程序,主要是指《刑事诉讼法》第二百九十八条至第三百零一条的规定。根据本法和《刑事诉讼法》第二百九十八条的规定,对于符合"黑社会性质组织犯罪案件的犯罪嫌疑人、被告人逃匿,在通缉一年后不能到案,或者犯罪嫌疑人、被告人死亡,依照《中华人民共和国刑法》规定应当追缴其违法所得及其他涉案财产的"条件,需要对犯罪嫌疑人、被告人的违法所得及其他涉案财产予以没收的,应当由人民检察院向人民法院提出没收违法所得的申请。如果在审判阶段犯罪嫌疑人、被告人逃匿的,人民法院应当根据《刑事诉讼法》第二百零六条的规定中止审理;如果犯罪嫌疑人、被告人死亡的,人民法院应当根据《刑事诉讼法》第十六条的规定终止审理。如果符合没收违法所得条件的,应当再由人民检察院提出没收违法所得的申请,人民法院不能在被告人不能到案的情况下直接作出没收违法所得的裁定。

> 配套

《刑事诉讼法》第298-301条;《最高人民法院、最高人民检察院关于适用犯罪嫌疑人、被告人逃匿、死亡案件违法所得没收程序若干问题的规定》

第四十八条 【依法查处与有组织犯罪相关的洗钱以及掩饰、隐瞒犯罪所得、犯罪所得收益等犯罪】监察机关、公安机关、人民检察院发现与有组织犯罪相关的洗钱以及掩饰、隐瞒犯罪所得、犯罪所得收益等犯罪的，应当依法查处。

注解

本条主要从涉案财产认定和处置的角度列举了与有组织犯罪关系较为密切的两类犯罪，包括洗钱罪和掩饰、隐瞒犯罪所得、犯罪所得收益罪。

1. 洗钱罪，指根据《刑法》第一百九十一条的规定。洗钱包括有组织犯罪分子"为他人洗钱"和"自洗钱"两种行为。"为他人洗钱"，是指有组织犯罪分子帮助其他犯罪分子开展洗钱活动，符合洗钱罪的构成要件的行为。"自洗钱"，是指行为人自己实施上游犯罪并掩饰、隐瞒其犯罪所得及产生的收益的来源和性质的行为。

根据刑法规定，构成洗钱罪需要具备以下条件：一是主观上是为掩饰、隐瞒上游犯罪的所得及其产生的收益的来源和性质。这里的"掩饰、隐瞒"，是指行为人以窝藏、转移、转换、收购等方法将自己或者他人实施上游犯罪的所得及其产生的收益予以掩盖或洗白。行为人的主观方面，可以通过行为人的认知能力，接触和掌握上游犯罪及其犯罪所得和收益的情况，犯罪所得及其收益的种类、数额，掩饰、隐瞒犯罪所得及其收益的方式等，结合客观实际情况与犯罪意图综合判断。二是行为人实施了掩饰、隐瞒毒品犯罪，黑社会性质的组织犯罪、恐怖活动犯罪、走私犯罪、贪污贿赂犯罪、破坏金融管理秩序犯罪、金融诈骗犯罪的所得及其产生收益的来源和性质的行为。洗钱罪的本质在于为上游犯罪的犯罪所得披上合法外衣，消灭犯罪线索和证据，从而达到逃避法律追究和制裁，实现犯罪所得的安全循环使用的目的。

2. 掩饰、隐瞒犯罪所得、犯罪所得收益罪。根据刑法规定，构成此罪，需要具备以下条件：一是明知是犯罪所得及其产生的收益。行为人是故意犯罪，即明知是犯罪所得及其产生的收益而故意予以掩饰、隐瞒的。"明知"不要求明确知道，包括推定为应当知道的情况。二是行为人实施了窝藏、转移、收购、代为销售或者以其他方法掩饰、隐瞒犯罪所得及其收益的行为。

配套

《刑法》第191条、第312条;《刑事诉讼法》第19条

第四十九条 【利害关系人对涉案财物处理不服的异议及救济】利害关系人对查封、扣押、冻结、处置涉案财物提出异议的,公安机关、人民检察院、人民法院应当及时予以核实,听取其意见,依法作出处理。

公安机关、人民检察院、人民法院对涉案财物作出处理后,利害关系人对处理不服的,可以提出申诉或者控告。

注解

"利害关系人",是指与案件有关联并存在利害关系的人,这里主要是指与有关涉案财产有利害关系的人。利害关系人对刑事涉案财物提出异议,是针对涉案财物提出自己的权利主张及相关证据。

"提出异议",是指由利害关系人以书面形式或者口头形式,直接向对涉案财物采取查封、扣押、冻结以及处置行为的司法机关提出异议。

应用

28. 案外人是否可以对查封、扣押、冻结财物及其孳息提出权属异议?

在涉黑社会性质组织犯罪案件审理中,应当对查封、扣押、冻结财物及其孳息的权属进行调查,案外人对查封、扣押、冻结财物及其孳息提出权属异议的,人民法院应当听取其意见,确有必要的,人民法院可以通知其出庭,以查明相关财物权属。(最高人民法院指导案例188号:史广振等组织、领导、参加黑社会性质组织案)

配套

《刑事诉讼法》第117条;《国家赔偿法》第18条;《关于进一步规范刑事诉讼涉案财物处置工作的意见》;《最高人民法院关于适用〈中华人民共和国刑事诉讼法〉的解释》第218条;《公安机关反有组织犯罪工作规定》第53条

第五章　国家工作人员涉有组织犯罪的处理

第五十条　【国家工作人员涉有组织犯罪的处理】国家工作人员有下列行为的，应当全面调查，依法作出处理：

（一）组织、领导、参加有组织犯罪活动的；

（二）为有组织犯罪组织及其犯罪活动提供帮助的；

（三）包庇有组织犯罪组织、纵容有组织犯罪活动的；

（四）在查办有组织犯罪案件工作中失职渎职的；

（五）利用职权或者职务上的影响干预反有组织犯罪工作的；

（六）其他涉有组织犯罪的违法犯罪行为。

国家工作人员组织、领导、参加有组织犯罪的，应当依法从重处罚。

注解

对国家工作人员涉有组织犯罪的，应当全面调查，依法作出处理：

1. 组织、领导、参加有组织犯罪活动的行为

"组织"有组织犯罪，是指倡导、发起、策划、建立有组织犯罪的行为。"领导"有组织犯罪，是指在有组织犯罪组织中处于领导地位，对该组织的发展、运行、活动进行策划、决策、指挥、协调、管理的行为。"参加"有组织犯罪活动，是指加入有组织犯罪组织的行为，包括参与该组织的违法犯罪活动，或者在违法犯罪活动中起作用。

2. 为有组织犯罪组织及其犯罪活动提供帮助的行为

"提供帮助"，既可能是利用国家工作人员的职权便利向犯罪分子通风报信、提供逃避侦查的便利；也可能是向犯罪组织及其成员提供的私人帮助，如提供财物等；还可能是在参与有组织犯罪活动中提供具体的犯罪帮助。提供帮助的具体受益对象，既可以是有组织犯罪的整个组织，也可以是有组织犯罪组织的具体成员。

3. 包庇有组织犯罪组织、纵容有组织犯罪活动的行为

"包庇有组织犯罪组织"，是指国家工作人员为使有组织犯罪组织及其成

员逃避查禁，而通风报信，隐匿、毁灭、伪造证据，阻止他人作证、检举揭发，指使他人伪证，帮助逃匿，或者阻挠其他国家工作人员依法查禁等行为。"纵容有组织犯罪活动"，是指国家工作人员不依法履行职责，对有组织犯罪组织的违法犯罪活动不依法制止，反而予以放纵的行为。

4. 在查办有组织犯罪案件工作中失职渎职的行为

具体包含以下几层含义：（1）在查办有组织犯罪案件工作中失职渎职的行为主体，应当是负有查办有组织犯罪案件或者依照职责支持、协助查办有组织犯罪案件职责的国家工作人员。（2）有组织犯罪案件工作中的失职渎职行为往往与案件直接相关，如接到报案、控告、举报不受理，发现犯罪信息、线索隐瞒不报、不如实报告，或者未经批准、授权擅自处置、不移送犯罪线索、涉案材料；向违法犯罪人员通风报信，阻碍案件查处；违背事实和法律处理案件；违反规定查封、扣押、冻结、处置涉案财物等。（3）具体的案件类型包括：负有查禁监管职责的国家机关工作人员滥用职权、玩忽职守帮助犯罪分子逃避处罚的案件；司法工作人员徇私枉法、民事枉法裁判、执行判决裁定失职或滥用职权、私放在押人员以及徇私舞弊减刑、假释、暂予监外执行的案件；负有查办职责的公职人员滥用职权，徇私舞弊，包庇、阻碍查处黑恶势力犯罪的案件，以及泄露国家秘密、商业秘密、工作秘密，为犯罪分子通风报信的案件等。

5. 利用职权或者职务上的影响干预反有组织犯罪工作的行为

"利用职权"干预反有组织犯罪工作，是指国家工作人员利用其职务范围内掌握的国家权力和地位，违规插手、干扰、影响反有组织犯罪的具体工作。"利用职务上的影响"干预反有组织犯罪工作，是指国家工作人员利用其职权或者地位形成的影响力，通过其他国家工作人员的职务行为，参与、干扰、影响反有组织犯罪的具体工作。

配套

《刑法》第294条；《国家监察委员会、最高人民法院、最高人民检察院、公安部、司法部关于在扫黑除恶专项斗争中分工负责、互相配合、互相制约严惩公职人员涉黑涉恶违法犯罪问题的通知》；《公安机关反有组织犯罪工作规定》第54条

第五十一条 【建立线索办理沟通机制及有组织违法犯罪的报案、控告、举报】 监察机关、人民法院、人民检察院、公安机关、司法行政机关应当加强协作配合，建立线索办理沟通机制，发现国家工作人员涉嫌本法第五十条规定的违法犯罪的线索，应当依法处理或者及时移送主管机关处理。

任何单位和个人发现国家工作人员与有组织犯罪有关的违法犯罪行为，有权向监察机关、人民检察院、公安机关等部门报案、控告、举报。有关部门接到报案、控告、举报后，应当及时处理。

注解

根据《国家监察委员会、最高人民法院、最高人民检察院、公安部、司法部关于在扫黑除恶专项斗争中分工负责、互相配合、互相制约严惩公职人员涉黑涉恶违法犯罪问题的通知》，监察机关、公安机关、人民检察院、人民法院、司法行政机关要建立公职人员涉黑涉恶违法犯罪线索移送制度，对工作中收到、发现的不属于本单位管辖的公职人员涉黑涉恶违法犯罪线索，应当及时移送有管辖权的单位处置。

移送公职人员涉黑涉恶违法犯罪线索，按照以下规定执行：

（1）公安机关、人民检察院、人民法院、司法行政机关在工作中发现公职人员涉黑涉恶违法犯罪中的涉嫌贪污贿赂、失职渎职等职务违法和职务犯罪等应由监察机关管辖的问题线索，应当移送监察机关。

（2）监察机关在信访举报、监督检查、审查调查等工作中发现公职人员涉黑涉恶违法犯罪线索的，应当将其中涉嫌包庇、纵容黑社会性质组织犯罪等由公安机关管辖的案件线索移送公安机关处理。

（3）监察机关、公安机关、人民检察院、人民法院、司法行政机关在工作中发现司法工作人员涉嫌利用职权实施的侵犯公民权利、损害司法公正案件线索的，根据有关规定，经沟通后协商确定管辖机关。

配套

《刑事诉讼法》第110条；《国家监察委员会、最高人民法院、最高人民

检察院、公安部、司法部关于在扫黑除恶专项斗争中分工负责、互相配合、互相制约严惩公职人员涉黑涉恶违法犯罪问题的通知》

第五十二条 【依法查办有组织犯罪案件】依法查办有组织犯罪案件或者依照职责支持、协助查办有组织犯罪案件的国家工作人员，不得有下列行为：

（一）接到报案、控告、举报不受理，发现犯罪信息、线索隐瞒不报、不如实报告，或者未经批准、授权擅自处置、不移送犯罪线索、涉案材料；

（二）向违法犯罪人员通风报信，阻碍案件查处；

（三）违背事实和法律处理案件；

（四）违反规定查封、扣押、冻结、处置涉案财物；

（五）其他滥用职权、玩忽职守、徇私舞弊的行为。

注解

本条对依法查办有组织犯罪案件或者依照职责支持、协助查办有组织犯罪案件的国家工作人员，作了禁止性规定。本条明确了适用的对象为依法查办有组织犯罪案件或者依照职责支持、协助查办有组织犯罪案件的国家工作人员，具体是指在查办有组织犯罪案件过程中，负有一定职责的监察机关、人民法院、人民检察院、公安机关、司法行政机关等工作人员。这些工作人员的特殊性在于，在查办有组织犯罪案件过程中具有相应的职责，同时对案件也具有一定的处置权限。尤其是负责查办案件的司法工作人员，往往是第一时间掌握案件线索等信息的专业人员，对案件如何处置具有相应的话语权，能够直接影响案件的查办进程。同时，这些工作人员往往是查办有组织犯罪案件的一线人员或审批人员，更容易接触案件事实和相关人员，也更容易受到黑恶势力的诱导、收买等成为"保护伞"，从而存在比一般国家工作人员更高的廉政风险。

配套

《刑法》第294条；《最高人民法院、最高人民检察院、公安部、司法部关于办理黑恶势力犯罪案件若干问题的指导意见》第22条；《国家监察委员会、最高人民法院、最高人民检察院、公安部、司法部关于在扫黑除恶专项斗争中分工负责、互相配合、互相制约严惩公职人员涉黑涉恶违法犯罪问题的通知》;《公安机关反有组织犯罪工作规定》第55条

第五十三条 【对从事反有组织犯罪工作人员的名誉保障】 有关机关接到对从事反有组织犯罪工作的执法、司法工作人员的举报后,应当依法处理,防止犯罪嫌疑人、被告人等利用举报干扰办案、打击报复。

对利用举报等方式歪曲捏造事实,诬告陷害从事反有组织犯罪工作的执法、司法工作人员的,应当依法追究责任;造成不良影响的,应当按照规定及时澄清事实,恢复名誉,消除不良影响。

注解

"依法处理"主要是指收到举报的相关部门应当依照法定程序、职权等对举报线索进行甄别,防止犯罪嫌疑人、被告人等利用举报干扰办案、打击报复。"打击报复"表现为相关人员利用职权或者其他手段对从事反有组织犯罪工作的执法、司法工作人员进行打击、报复、陷害等,侵犯其人身权利、民主权利的行为,具体方式多种多样,如以暴力、威胁或者非法限制人身自由的方式侵犯人身安全;非法占有或者毁损财产;栽赃陷害执法、司法工作人员等。既可能涉及职务职级调整也可能涉及福利待遇,严重的可能是直接侵犯人身财产的显性打击报复,也可能更多地表现为利用职权进行变相打击的隐性报复。

对于从事反有组织犯罪工作的执法、司法工作人员被举报的,有关部门应当首先了解事实,认真调查有关情况,确认是利用举报等方式歪曲捏造事实,诬告陷害从事反有组织犯罪工作的,应当采取适当方式向知悉不实情况的单位和社会公众及时通报真实情况,防止不实信息继续扩散,对履职情况作出解释说明,消除单位和社会公众对办理案件过程和办理案件结果的质疑。对于因诬告陷害遭受调查处理的人员,应当及时停止调查处理。关于澄清事实和消除影响的范围、方式,应当结合有关情况确定,要在相应范围内消除不良影响,维护从事反有组织犯罪工作的执法、司法工作人员的良好声

誉。从事反有组织犯罪工作的执法、司法工作人员也可以拿起法律的武器，依法要求侵权人承担相应的法律责任，维护自己的合法权益。

> 配套

《宪法》第41条；《刑法》第243条、第254条；《治安管理处罚法》第42条；《公务员法》第59条、第62条；《公职人员政务处分法》第32条；《公安机关反有组织犯罪工作规定》第57条

第六章 国际合作

第五十四条 【开展反有组织犯罪国际合作】中华人民共和国根据缔结或者参加的国际条约，或者按照平等互惠原则，与其他国家、地区、国际组织开展反有组织犯罪合作。

> 注解

开展反有组织犯罪合作，一是要根据缔结或者参加的国际条约开展国际合作。这里的国际合作，是指国际法主体之间缔结的用于确定相互权利义务关系的书面协议。二是如果我国与其他国家、地区、国际组织之间没有缔结或者参加国际条约，应当依照平等互惠原则来进行。

"缔结或者参加的国际条约"，既包括我国与外国共同加入的国际公约，也包括中国与外国签订的多边、双边条约，如《联合国打击跨国有组织犯罪公约》以及我国与他国签订的国际刑事司法协助等条约的有关内容，在我国与其他国家就开展反有组织犯罪国际合作时，是同样适用的。

"平等互惠原则"，是处理国家关系的一项基本原则，是基于主权国家之间，在司法上应平等对待的理论确立的原则，也是国际上所公认的一项原则。

第五十五条 【开展反有组织犯罪国际合作的具体机制】国务院有关部门根据国务院授权，代表中国政府与外国政府和有关国际组织开展反有组织犯罪情报信息交流和执法合作。

国务院公安部门应当加强跨境反有组织犯罪警务合作，推动

与有关国家和地区建立警务合作机制。经国务院公安部门批准，边境地区公安机关可以与相邻国家或者地区执法机构建立跨境有组织犯罪情报信息交流和警务合作机制。

> 注解

反有组织犯罪国际合作是指与其他国家、地区和国际组织之间在反有组织犯罪的犯罪侦查、执法、情报交流、人才培训等方面互相给予支持、便利和协助的一种合作。具体机制包括情报信息的交流与合作、犯罪调查取证、送达刑事诉讼文书、移交物证、书证和视听资料、安排证人作证或者协助调查，查封、扣押、冻结涉案财物，没收、返还违法所得及其他涉案财物、引渡等合作内容。

第五十六条　【反有组织犯罪的刑事司法协助、引渡】 涉及有组织犯罪的刑事司法协助、引渡，依照有关法律的规定办理。

> 注解

根据本条规定，涉及有组织犯罪的刑事司法协助、引渡，依照有关法律的规定办理。这里的有关法律，主要是指《国际刑事司法协助法》《引渡法》等涉及国家与国家之间在刑事诉讼领域开展国际合作的法律。

> 配套

《引渡法》；《国际刑事司法协助法》

第五十七条　【反有组织犯罪国际合作中的证据使用】 通过反有组织犯罪国际合作取得的材料可以在行政处罚、刑事诉讼中作为证据使用，但依据条约规定或者我方承诺不作为证据使用的除外。

> 注解

通过国际合作取得的材料通常是由国际合作方收集，主体及程序上与我们自己收集证据往往会有一定的差异，以往的实践中有的需要经过转换方能在我国的行政处罚、刑事诉讼中作为证据使用。明确通过反有组织犯罪国际合作取得的材料原则上可以在行政处罚、刑事诉讼中作为证据使用，有利于依法惩治有组织犯罪活动和有组织犯罪人员。例外情况就是本法规定的"我方承诺不作为证据使用"。

> **配套**

《刑事诉讼法》第50条

第七章 保障措施

第五十八条　【为反有组织犯罪工作提供各项保障】国家为反有组织犯罪工作提供必要的组织保障、制度保障和物质保障。

> **注解**

本条规定了国家为反有组织犯罪工作提供三个方面的保障：

一是，提供组织保障。主要包括以下几个内容：一是要保障有充足的工作人员投入到反有组织犯罪工作中，满足工作需要；二是要提高工作人员工作能力，提高反有组织犯罪工作效率，促使反有组织犯罪工作顺利进行；三是坚持从严管理从事反有组织犯罪工作的干部，加强对干部队伍的监督管理，特别是对关键岗位、重点领域、重点对象进行重点监督，加大对违纪违法干部的查处力度。

二是，提供制度保障。制定反有组织犯罪法，为反有组织工作提供了依据，徒法不足以自行，法律规定需要通过具体制度进行落实，要完善各项配套的制度规定，形成制度保障体系。

三是，提供物质保障，重要的是加大资金投入。财政部门要加大资金支持力度。开展反有组织犯罪工作，必然产生相关的支出和费用，需要国家财政予以支持和保障。

第五十九条　【加强反有组织犯罪队伍建设】公安机关和有关部门应当依照职责，建立健全反有组织犯罪专业力量，加强人才队伍建设和专业训练，提升反有组织犯罪工作能力。

> 注解

对于建立健全反有组织犯罪专业力量,应当加强专业训练。专业训练,是指针对反有组织犯罪行为的特点、规律、手段、方式等进行有针对性的训练,掌握相应活动的技能、技巧,使得反有组织犯罪专业力量在应对和面对有组织犯罪活动时能够在合适的时机采取合适的措施。同时,还应当加强反有组织犯罪专业力量物质保障,保障在面对有组织犯罪活动时有专业设备、设施,切实提高反有组织犯罪工作能力。

第六十条 【反有组织犯罪工作的经费保障】国务院和县级以上地方各级人民政府应当按照事权划分,将反有组织犯罪工作经费列入本级财政预算。

> 配套

《反恐怖主义法》第73条;《预算法》第2条、第3条、第4条、第5条、第6条、第7条、第63条;《人民警察法》第37条;《公安机关办理刑事案件程序规定》第77条

第六十一条 【对在有组织犯罪案件中作证等相关人员的保护措施】因举报、控告和制止有组织犯罪活动,在有组织犯罪案件中作证,本人或者其近亲属的人身安全面临危险的,公安机关、人民检察院、人民法院应当按照有关规定,采取下列一项或者多项保护措施:

(一)不公开真实姓名、住址和工作单位等个人信息;
(二)采取不暴露外貌、真实声音等出庭作证措施;
(三)禁止特定的人接触被保护人员;
(四)对人身和住宅采取专门性保护措施;
(五)变更被保护人员的身份,重新安排住所和工作单位;
(六)其他必要的保护措施。

应用

29. 对在有组织犯罪案件中作证等相关人员的保护措施有哪些？

本条是对因举报、控告和制止有组织犯罪活动，在有组织犯罪案件中作证，本人或者其近亲属的人身安全面临危险时可以采取保护措施的规定。具体的保护措施包括下列一项或者多项保护措施：

1. 不公开真实姓名、住址和工作单位等个人信息。这是对被保护人的个人身份不予公开的保护措施。在刑事诉讼中，人民法院、人民检察院和公安机关对于依法决定不公开证人等人员的真实姓名、住址和工作单位等个人信息的，可以在判决书、裁定书、起诉书、询问笔录等法律文书、证据材料中使用化名等代替证人等人员的个人信息。但是，应当书面说明使用化名的情况并标明密级，单独成卷。辩护律师经法庭许可，查阅对证人等人员使用化名情况的，应当签署保密承诺书。证人保护密卷不得提供给人民法院、人民检察院和公安机关的承办人员以外的人员查阅，法律另有规定的除外。对上述证人询问过程制作同步录音录像的，应当对视音频资料进行处理，避免暴露证人外貌、声音等。在公安机关以外的场所询问证人时，应当对询问场所进行清理、控制，无关人员不得在场，并避免与犯罪嫌疑人接触。

2. 采取不暴露外貌、真实声音等出庭作证措施。是指人民法院在有关人员出庭参与诉讼时，采取技术措施不使其外貌、声音等暴露给被告人、旁听人员等，但应当保证控辩双方质证的顺利进行。

3. 禁止特定的人接触被保护人员。这是禁止可能实施打击报复的特定人员在一定期间内接触被保护人的措施。根据《公安机关办理刑事案件证人保护工作规定》，采取禁止特定人员接触被保护人措施的，公安机关应当制作禁止令，书面告知特定人员，禁止其在一定期限内接触被保护人。特定人员违反禁止令，接触被保护人，公安机关应当依法进行调查处理，对犯罪嫌疑人视情采取或者变更强制措施，其他人员构成违反治安管理行为的，依法给予治安管理处罚；涉嫌犯罪的，依法追究刑事责任。

4. 对人身和住宅采取专门性保护措施。该措施包括派警力保护相关人员人身和住宅的安全。第三类、第四类措施要付出更大的人力、物力成本，对面临比较迫切的重大危险的人，可以考虑采取此类措施。根据《公安机关办理刑事案件证人保护工作规定》，被保护人面临重大人身安全危险的，经被保护人同意，公安机关可以在被保护人的人身或者住宅安装定位、报警、视频监控等装置。必要时，可以指派专门人员对被保护人的住宅进行巡逻、守护，或者在一定期限内开展贴身保护，防止侵害发生。证人保护部门对人身和住宅采取专门性保护措施，需要由被保护人居住地辖区公安派出所或者公安机关其他部门协助落实的，应当及时将协助函送交有关派出所或者部门。有关派出所或部门应当及时安排人员协助证人保护部门落实证人保护工作。有条件的地方，可以聘请社会安保力量承担具体保护工作。

5. 变更被保护人员的身份，重新安排住所和工作单位。本项保护措施是在刑事诉讼法相关保护规定的基础上，根据反有组织犯罪需要，新增加的保护措施。

6. 其他必要的保护措施。"其他必要的保护措施"是个兜底性的条款，可以理解为因案情特殊，对因举报、控告和制止有组织犯罪活动，在有组织犯罪案件中作证，本人或者其近亲属确实面临非常重大的危险，可能因作证遭受打击报复时，公安机关有义务采取一切有利于保护其人身安全的保护措施。

配套

《刑事诉讼法》第64条；《反恐怖主义法》第76条；《最高人民法院关于适用〈中华人民共和国刑事诉讼法〉的解释》第256条；《人民检察院刑事诉讼规则》第79条、第132条；《公安机关办理刑事案件程序规定》第71条、第75条；《公安机关办理刑事案件证人保护工作规定》第9条、第10条、第11条；《公安机关反有组织犯罪工作规定》第66条

第六十二条 【有组织犯罪案件中保护措施的批准和执行机关】采取本法第六十一条第三项、第四项规定的保护措施，由公安机关执行。根据本法第六十一条第五项规定，变更被保护人员身份的，由国务院公安部门批准和组织实施。

公安机关、人民检察院、人民法院依法采取保护措施，有关单位和个人应当配合。

注解

根据本法规定，由公安机关负责执行的具体的保护措施包括：

1. 禁止特定的人接触被保护人员。这是禁止可能实施打击报复的特定人员在一定期限内接触被保护人的措施。采取禁止特定人员接触被保护人措施的，公安机关应当制作禁止令，书面告知特定人员，禁止其在一定期限内接触被保护人。特定人员违反禁止令，接触被保护人，公安机关应当依法进行调查处理，对犯罪嫌疑人视情形采取或者变更强制措施，其他人员构成违反治安管理行为的，依法给予治安管理处罚；涉嫌犯罪的，依法追究刑事责任。

2. 对人身和住宅采取专门性保护措施。包括派警力保护相关人员人身和住宅的安全。被保护人面临重大人身安全危险的，经被保护人同意，公安机关可以在被保护人的人身或者住宅安装定位、报警、视频监控等装置。必要时，可以指派专门人员对被保护人的住宅进行巡逻、守护，或者在一定期限内开展贴身保护，防止侵害发生。

根据本法规定，由国务院公安部门批准和组织实施的保护措施为，变更被保护人员的身份，重新安排住所和工作单位。

配套

《刑法》第 307 条、第 308 条；《刑事诉讼法》第 64 条；《公安机关办理刑事案件程序规定》第 2 条、第 74 条、第 75 条

第六十三条 【对侦破或查明案件起重要作用的有组织犯罪人员的保护】 实施有组织犯罪的人员配合侦查、起诉、审判等工作，对侦破案件或者查明案件事实起到重要作用的，可以参照证人保护的规定执行。

配套

《刑法》第 68 条；《公安机关办理刑事案件证人保护工作规定》第 9 条、第 10 条、第 11 条、第 21 条；《最高人民法院关于适用〈中华人民共和国刑事诉讼法〉的解释》第 220 条

第六十四条 【对办理有组织犯罪案件的工作人员及其近亲属的保护措施】 对办理有组织犯罪案件的执法、司法工作人员

及其近亲属,可以采取人身保护、禁止特定的人接触等保护措施。

> **注解**

"办理有组织犯罪案件的工作人员",是指依照本法规定从事相关反有组织犯罪案件的执法、司法工作的人员。因从事这些工作,其本人或者近亲属的人身安全面临危险的人,可以申请采取相应的保护措施。根据《刑事诉讼法》第一百零八条,本款中的"近亲属"是指夫、妻、父、母、子、女、同胞兄弟姊妹。"面临危险",是指本人及其近亲属的人身安全可能面临比较迫切的现实危险的情形,而不是想象的精神威胁。实践中比较典型的危险是可能遭受打击报复的情况。

《人民检察院刑事诉讼规则》第一百三十二条规定:"犯罪嫌疑人具有下列情形之一的,可以认定为'可能对被害人、举报人、控告人实施打击报复':(一)扬言或者准备、策划对被害人、举报人、控告人实施打击报复的;(二)曾经对被害人、举报人、控告人实施打击、要挟、迫害等行为的;(三)采取其他方式滋扰被害人、举报人、控告人的正常生活、工作的;(四)其他可能对被害人、举报人、控告人实施打击报复的情形。"

> **应用**

30. 对办理有组织犯罪案件的工作人员及其近亲属的保护措施有哪些?

保护措施,是指人身保护、禁止特定的人接触等保护措施。办理危险性较高的有关案件,经司法人员本人申请,可以对司法人员及其近亲属采取相应保护措施。

(1) 对人身的保护措施,即对人身采取专门性保护措施。通常包括派警力保护办理有组织犯罪案件的执法、司法工作人员及其近亲属的人身安全。

(2) 禁止特定的人接触被保护人员。这是禁止可能实施打击报复的特定人员在一定期间内接触被保护人的措施。采取禁止特定人员接触被保护人措施的,公安机关应当制作禁止令,书面告知特定人员,禁止其在一定期限内接触被保护人。特定人员违反禁止令,接触被保护人,公安机关应当依法进行调查处理,对犯罪嫌疑人视情采取或者变更强制措施,其他人员构成违反治安管理行为的,依法给予治安管理处罚;涉嫌犯罪的,依法追究刑事责任。

配套

《公安机关办理刑事案件证人保护工作规定》第9条、第10条、第11条;《保护司法人员依法履行法定职责规定》第17条、第18条、第19条

第六十五条 【对反有组织犯罪工作相关人员伤残或者死亡人员的抚恤优待】对因履行反有组织犯罪工作职责或者协助、配合有关部门开展反有组织犯罪工作导致伤残或者死亡的人员,按照国家有关规定给予相应的待遇。

注解

履行反有组织犯罪工作职责的人员,是指在反有组织犯罪工作中承担一定职责的单位和部门的人员;协助、配合反有组织犯罪工作的人员,是指本身并没有反有组织犯罪工作职责,而积极为反有组织犯罪工作提供帮助的人员。

配套

《人民警察抚恤优待办法》;《工伤保险条例》;《烈士褒扬条例》

第八章 法律责任

第六十六条 【有组织犯罪相关的刑事责任】组织、领导、参加黑社会性质组织,国家机关工作人员包庇、纵容黑社会性质组织,以及黑社会性质组织、恶势力组织实施犯罪的,依法追究刑事责任。

境外的黑社会组织的人员到中华人民共和国境内发展组织成员、实施犯罪,以及在境外对中华人民共和国国家或者公民犯罪的,依法追究刑事责任。

配套

《刑法》第294条;《最高人民法院关于审理黑社会性质组织犯罪的案件具体应用法律若干问题的解释》第6条

第六十七条 【涉未成年人从重追究刑事责任的情形】发展未成年人参加黑社会性质组织、境外的黑社会组织，教唆、诱骗未成年人实施有组织犯罪，或者实施有组织犯罪侵害未成年人合法权益的，依法从重追究刑事责任。

> **注解**

"发展未成年人"，是指通过引诱、拉拢、强迫、威胁、暴力等手段，黑社会性质组织的人员在我国境内将未成年人吸收为组织成员，或者境外的黑社会组织人员入境将我国未成年人吸收为组织成员的行为。

"教唆、诱骗未成年人实施有组织犯罪"，是指通过对有组织犯罪的宣传、示范有组织犯罪方法，或者对未成年人进行蛊惑、采用欺骗手段在未成年人不知情的情况下利用其实施有组织犯罪等行为，未成年人通常是在有组织犯罪组织及其成员的宣传、诱惑、欺骗、教唆下实施了本法第二条规定的有组织犯罪。

> **应用**

31. 利用未成年人实施黑恶势力犯罪，是否应从重处罚？

成年人利用未成年人实施黑恶势力违法犯罪活动，导致未成年人涉黑恶势力犯罪问题逐渐凸显，严重损害未成年人健康成长，严重危害社会和谐稳定，应引起社会高度重视。

突出打击重点，依法严惩利用未成年人实施黑恶势力犯罪的涉黑恶成年犯罪人。拉拢、招募、吸收未成年人参加黑社会性质组织，实施黑恶势力违法犯罪活动，是利用未成年人实施黑恶势力犯罪的典型行为。利用未达到刑事责任年龄的未成年人实施黑恶势力犯罪的，是利用未成年人实施黑恶势力犯罪应当从重处罚的情形之一，应当对黑社会性质组织、恶势力犯罪集团、恶势力的首要分子、骨干成员、纠集者、主犯和直接利用的成员从重处罚。（2020年4月23日最高人民检察院发布3件依法严惩利用未成年人实施黑恶势力犯罪典型案例：谢某某组织、领导黑社会性质组织、寻衅滋事、聚众斗殴、敲诈勒索、开设赌场、故意伤害案）

32. 利用未成年人实施黑恶势力犯罪，应当从重处罚的情形有哪些？

根据《最高人民法院、最高人民检察院、公安部、司法部关于依法严惩利用未成年人实施黑恶势力犯罪的意见》，利用未成年人实施黑恶势力犯罪，具有下列情形之一的，应当从重处罚：

（1）组织、指挥未成年人实施故意杀人、故意伤害致人重伤或者死亡、强奸、绑架、抢劫等严重暴力犯罪的；

（2）向未成年人传授实施黑恶势力犯罪的方法、技能、经验的；

（3）利用未达到刑事责任年龄的未成年人实施黑恶势力犯罪的；

（4）为逃避法律追究，让未成年人自首、做虚假供述顶罪的；

（5）利用留守儿童、在校学生实施犯罪的；

（6）利用多人或者多次利用未成年人实施犯罪的；

（7）针对未成年人实施违法犯罪的；

（8）对未成年人负有监护、教育、照料等特殊职责的人员利用未成年人实施黑恶势力违法犯罪活动的；

（9）其他利用未成年人违法犯罪应当从重处罚的情形。

配 套

《刑法》第29条、第62条；《未成年人保护法》；《预防未成年人犯罪法》；《最高人民法院、最高人民检察院、公安部、司法部关于依法严惩利用未成年人实施黑恶势力犯罪的意见》

第六十八条　【对有组织犯罪罪犯适用的从业禁止】 对有组织犯罪的罪犯，人民法院可以依照《中华人民共和国刑法》有关从业禁止的规定，禁止其从事相关职业，并通报相关行业主管部门。

注 解

"禁止从事相关职业"或者称为"从业禁止"，是指人民法院对于实施特定犯罪被判处刑罚的人，依法禁止其在一定期限内从事相关职业以预防其再犯罪的法律措施。根据《刑法》第三十七条之一第一款的规定，人民法院可以根据犯罪情况和预防再犯罪的需要，禁止罪犯自刑罚执行完毕之日或者假释之日起从事相关职业，期限为三年至五年。

配 套

《刑法》第37条之一、第313条；《行政处罚法》第9条

第六十九条 【对尚不构成犯罪情形的处罚】有下列情形之一，尚不构成犯罪的，由公安机关处五日以上十日以下拘留，可以并处一万元以下罚款；情节较重的，处十日以上十五日以下拘留，并处一万元以上三万元以下罚款；有违法所得的，除依法应当返还被害人的以外，应当予以没收：

（一）参加境外的黑社会组织的；

（二）积极参加恶势力组织的；

（三）教唆、诱骗他人参加有组织犯罪组织，或者阻止他人退出有组织犯罪组织的；

（四）为有组织犯罪活动提供资金、场所等支持、协助、便利的；

（五）阻止他人检举揭发有组织犯罪、提供有组织犯罪证据，或者明知他人有有组织犯罪行为，在司法机关向其调查有关情况、收集有关证据时拒绝提供的。

教唆、诱骗未成年人参加有组织犯罪组织或者阻止未成年人退出有组织犯罪组织，尚不构成犯罪的，依照前款规定从重处罚。

应用

33. 尚不构成犯罪但应当给予行政处罚的情形包括哪些？

（1）参加境外的黑社会组织的。《刑法》第二百九十四条规定组织、领导、参加黑社会性质组织的，应当依法追究刑事责任。对于单纯参加境外的黑社会组织的行为，刑法没有单独罪名，但由于参加境外黑社会组织往往是实施危害国家安全犯罪、黑恶势力犯罪的准备行为，有必要给予行政处罚，有利于违法行为人认识并改正错误。

（2）积极参加恶势力组织的。在实践中存在因临时雇佣或者被利用以及受蒙蔽参与恶势力违法犯罪活动的，对于这类人，虽然在行为次数上符合"积极参加"的特征，但一般不认定为恶势力成员。情节显著轻微，不构成犯罪的，不追究刑事责任，但应当依法给予行政处罚。

（3）教唆、诱骗他人参加有组织犯罪组织，或者阻止他人退出有组织犯罪组织的。仅仅实施教唆、诱骗或者阻止其退出组织的行为，被教唆、诱骗人未实施犯罪或者情节显著轻微的，无须对教唆、诱骗或者阻止退出行为本身追究刑事责任，但应当予以行政处罚，加以管制。

（4）为有组织犯罪活动提供资金、场所等支持、协助、便利的。构成本项情形应当符合以下条件：①行为人明知他人在实施有组织犯罪活动。②行为人为有组织犯罪活动提供了信息、资金、物质、劳务、技术、场所等支持、协助、便利。

（5）阻止他人检举揭发有组织犯罪、提供有组织犯罪证据，或者明知他人有有组织犯罪行为，在司法机关向其调查有关情况、收集有关证据时拒绝提供的。这里的"司法机关"，主要是指对有组织犯罪负有侦查、检察、审判职责的公安机关、人民检察院和人民法院。"调查有关情况"，主要是指司法机关调查了解有组织犯罪及有关情况，包括犯罪嫌疑人的情况、有关犯罪活动的线索以及方法、手段、时间、地点等。这种调查，既包括刑事立案前的调查，也包括刑事立案后的调查询问。"收集有关证据"，主要是指调查人员或者侦查人员收集有组织犯罪的证据材料，包括书证、物证、证人、视听资料、电子数据等。这里所说的"拒绝提供"，包括拒绝向司法机关讲述其了解的相关情况，拒绝向司法机关提交有关证据。

> 配套

《刑法》第29条、第294条、第310条、第311条

第七十条　【违反日常报告制度的处罚】违反本法第十九条规定，不按照公安机关的决定如实报告个人财产及日常活动的，由公安机关给予警告，并责令改正；拒不改正的，处五日以上十日以下拘留，并处三万元以下罚款。

> 注解

在本条的具体适用中，需要注意本条规定的处罚的法律性质和救济途径。本条规定的由公安机关给予的警告、罚款和拘留的处罚，属于行政处罚，应当同时遵守行政处罚法的有关规定。按照《行政处罚法》第四十四条和第四十五条的规定，行政机关在作出行政处罚决定之前，应当告知当事人拟作出的行政处罚内容及事实、理由、依据，并告知当事人依法享有的陈

述、申辩、要求听证等权利。当事人有权进行陈述和申辩。行政机关必须充分听取当事人的意见,对当事人提出的事实、理由和证据,应当进行复核;当事人提出的事实、理由或者证据成立的,行政机关应当采纳。行政机关不得因当事人陈述、申辩而给予更重的处罚。根据《行政处罚法》的规定,当事人对行政处罚决定不服的,有权依法申请行政复议或者提起行政诉讼。当事人对行政处罚决定不服,申请行政复议或者提起行政诉讼的,行政处罚不停止执行,法律另有规定的除外。

配 套

《行政处罚法》第44条、第45条、第73条

第七十一条 【对金融机构等相关单位未协助采取紧急止付、临时冻结措施的处罚】金融机构等相关单位未依照本法第二十七条规定协助公安机关采取紧急止付、临时冻结措施的,由公安机关责令改正;拒不改正的,由公安机关处五万元以上二十万元以下罚款,并对直接负责的主管人员和其他直接责任人员处五万元以下罚款;情节严重的,公安机关可以建议有关主管部门对直接负责的主管人员和其他直接责任人员依法给予处分。

注 解

本条区分不同情形,对金融机构等相关单位未协助公安机关采取紧急止付、临时冻结措施的法律责任作了规定:

1. 责令改正。即对未协助公安机关采取紧急止付、临时冻结措施的有关单位,由公安机关责成其采取有效措施纠正错误做法。

2. 对拒不改正的,由公安机关处五万元以上二十万元以下罚款,并对直接负责的主管人员和其他直接责任人员处五万元以下罚款。本条规定的是双罚制,既对金融机构等相关单位进行处罚,也对直接负责的主管人员和其他直接责任人员予以处罚,进行处罚的前提是"拒不改正"。这里的"拒不改正"是指经公安机关责令改正后,仍不协助采取紧急止付、临时冻结措施。"直接负责的主管人员"是指单位中负有相关管理职责的主要负责人,可以是单位的法定代表人、主要负责人、部门负责人、直接负责相关工作的管理

人员。"其他直接责任人员"是指单位违反规定的行为中具体负责实施并发挥较大作用的人员。

3. 情节严重的,公安机关可以建议有关主管部门对直接负责的主管人员和其他直接责任人员依法给予处分。这里的"有关主管部门"主要指的是国家金融监督管理总局等监督管理部门。这里规定的"处分"主要是一种纪律处分,由于金融机构不是国家机关,其工作人员通常不是公务员,所以对其处分属于纪律处分,包括内部工作纪律处分和党内纪律处分。如果违反本条规定的金融机构的直接负责的主管人员和其他直接责任人员是中共党员的,除给予内部工作纪律处分外,还要根据《中国共产党纪律处分条例》的规定,由党组织给予党内纪律处分,包括警告、严重警告、撤销党内职务、留党察看、开除党籍五种。此外,如果金融机构是国有金融机构,其直接负责的主管人员和其他直接责任人员是公职人员的,还需依照公职人员政务处分法的规定给予政务处分。

配 套

《行政处罚法》第 2 条、第 9 条;《行政强制法》第 65 条

第七十二条 【电信业务经营者、互联网服务提供者违反本法规定的处罚】电信业务经营者、互联网服务提供者有下列情形之一的,由有关主管部门责令改正;拒不改正或者情节严重的,由有关主管部门依照《中华人民共和国网络安全法》的有关规定给予处罚:

(一)拒不为侦查有组织犯罪提供技术支持和协助的;

(二)不按照主管部门的要求对含有宣扬、诱导有组织犯罪内容的信息停止传输、采取消除等处置措施、保存相关记录的。

注 解

"依照《中华人民共和国网络安全法》的有关规定给予处罚"主要是依据该法第六十九条的规定予以处罚。该条规定:"网络运营者违反本法规定,有下列行为之一的,由有关主管部门责令改正;拒不改正或者情节严重的,处五万元以上五十万元以下罚款,对直接负责的主管人员和其他直接责任人

员，处一万元以上十万元以下罚款：（一）不按照有关部门的要求对法律、行政法规禁止发布或者传输的信息，采取停止传输、消除等处置措施的；（二）拒绝、阻碍有关部门依法实施的监督检查的；（三）拒不向公安机关、国家安全机关提供技术支持和协助的。"该条规定第二档的处罚实行双罚制，既对网络运营者进行处罚，同时也对直接负责的主管人员和其他直接责任人员进行处罚。

"拒不改正"是指明知违法而故意拒绝改正。实践中，认定电信业务经营者、互联网服务提供者是否"拒不改正"，应当考虑以下因素：（1）电信业务经营者、互联网服务提供者是否收到主管部门提出的责令改正的要求，相关责令改正要求是否明确、具体；（2）电信业务经营者、互联网服务提供者对主管部门提出的采取改正措施的要求，在主观上是否具有拖延或者拒绝执行的故意；（3）电信业务经营者、互联网服务提供者是否具有依照主管部门提出的要求，采取相应改正措施的能力。对于确实因为资源、技术等条件限制，没有或者一时难以达到主管部门要求的，不能认定为是本条规定的"拒不改正"。

配套

《刑法》第286条之一；《网络安全法》第68条、第69条

第七十三条 【拒不履行、拖延履行及拒不配合反有组织犯罪法定职责的法律责任】有关国家机关、行业主管部门拒不履行或者拖延履行反有组织犯罪法定职责，或者拒不配合反有组织犯罪调查取证，或者在其他工作中滥用反有组织犯罪工作有关措施的，由其上级机关责令改正；情节严重的，对负有责任的领导人员和直接责任人员，依法给予处分；构成犯罪的，依法追究刑事责任。

注解

有关国家机关、行业主管部门失职渎职行为具体包括三种情形：

1. 拒不履行或者拖延履行。这是指反有组织犯罪工作的有关国家机关、行业主管部门严重不负责任，对于自己应当履行的职责，不履行、放弃职守

或者拖延履行职责义务。

2. 拒不配合反有组织犯罪调查取证。这是指负有配合义务的有关国家机关、行业主管部门拒不配合。

3. 滥用反有组织犯罪工作有关措施。这是指反有组织犯罪工作有关国家机关、行业主管部门超越职权，违法决定、处理其无权决定、处理的事项，或者违反规定处理相关工作。

配套

《公职人员政务处分法》第7条；《刑法》第277条、第397条；《治安管理处罚法》第50条

第七十四条 【反有组织犯罪工作保密以及违反规定泄露的法律责任的规定】有关部门和单位、个人应当对在反有组织犯罪工作过程中知悉的国家秘密、商业秘密和个人隐私予以保密。违反规定泄露国家秘密、商业秘密和个人隐私的，依法追究法律责任。

注解

本条规定的"国家秘密"，依照保守国家秘密法的有关规定，是指关系国家安全和利益，依照法定程序确定，在一定时间内只限一定范围的人员知悉的事项。国家秘密包括符合上述规定的下列秘密事项：国家事务重大决策中的秘密事项；国防建设和武装力量活动中的秘密事项；外交和外事活动中的秘密事项以及对外承担保密义务的秘密事项；国民经济和社会发展中的秘密事项；科学技术中的秘密事项；维护国家安全活动和追查刑事犯罪中的秘密事项；经国家保密行政管理部门确定的其他秘密事项。政党的秘密事项中符合上述规定的，也属于国家秘密。国家秘密的密级分为绝密、机密、秘密三级。绝密级国家秘密是最重要的国家秘密，泄露会使国家安全和利益遭受特别严重的损害；机密级国家秘密是重要的国家秘密，泄露会使国家安全和利益遭受严重的损害；秘密级国家秘密是一般的国家秘密，泄露会使国家安全和利益遭受损害。

根据《反不正当竞争法》的规定，"商业秘密"，是指不为公众所知悉、具有商业价值并经权利人采取相应保密措施的技术信息、经营信息等商业信息。商业秘密都具有一定的经济价值，必须予以保护，以维护社会主义市场

经济秩序。

本条规定的"个人隐私",是指公民不愿意公开的、与其人身权密切相关的、隐秘的事件或者事实,如个人财产、住址、生育能力、收养子女等。对这些信息应当予以保密,不得非法向外界泄露、传播、扩散,让不该知悉的人知悉。根据《民法典》第一千零三十二条的规定,自然人享有隐私权。任何组织或者个人不得以刺探、侵扰、泄露、公开等方式侵害他人的隐私权。隐私是自然人的私人生活安宁和不愿为他人知晓的私密空间、私密活动、私密信息。

配套

《保守国家秘密法》第2条、第49条;《刑法》第219条、第264条、第253条之一、第308条之一、第398条

第七十五条 【国家工作人员涉有组织犯罪的处理】国家工作人员有本法第五十条、第五十二条规定的行为,构成犯罪的,依法追究刑事责任;尚不构成犯罪的,依法给予处分。

配套

《最高人民法院关于审理黑社会性质组织犯罪的案件具体应用法律若干问题的解释》;《最高人民法院、最高人民检察院、公安部、司法部关于办理黑恶势力刑事案件中财产处置若干问题的意见》

第七十六条 【对行政处罚和行政强制措施决定不服的行政复议、行政诉讼】有关单位和个人对依照本法作出的行政处罚和行政强制措施决定不服的,可以依法申请行政复议或者提起行政诉讼。

注解

行政处罚是指行政机关依法对违反行政管理秩序的公民、法人或者其他组织,以减损权益或者增加义务的方式予以惩戒的行为,包括警告、通报批评;罚款、没收违法所得、没收非法财物;暂扣许可证件、降低资质等级、吊销许可证件;限制开展生产经营活动、责令停产停业、责令关闭、限制从

业；行政拘留；法律、行政法规规定的其他行政处罚。

行政强制措施是行政机关在行政管理过程中，为制止违法行为、防止证据损毁、避免危害发生、控制危险扩大等情形，依法对公民的人身自由实施暂时性限制，或者对公民、法人或者其他组织的财物实施暂时性控制的行为，包括限制公民人身自由；查封场所、设施或者财物；扣押财物；冻结存款、汇款等。

本条规定可以采取的救济措施包括行政复议和行政诉讼两种方式。这里的"依法申请行政复议或者提起行政诉讼"，是指有关单位和个人可以按照行政复议法、行政诉讼法规定的条件和程序申请行政复议、提起行政诉讼。《行政复议法》第九条规定："公民、法人或者其他组织认为具体行政行为侵犯其合法权益的，可以自知道该具体行政行为之日起六十日内提出行政复议申请；但是法律规定的申请期限超过六十日的除外。因不可抗力或者其他正当理由耽误法定申请期限的，申请期限自障碍消除之日起继续计算。"《行政诉讼法》第四十五条规定："公民、法人或者其他组织不服复议决定的，可以在收到复议决定书之日起十五日内向人民法院提起诉讼。复议机关逾期不作决定的，申请人可以在复议期满之日起十五日内向人民法院提起诉讼。法律另有规定的除外。"第四十六条规定："公民、法人或者其他组织直接向人民法院提起诉讼的，应当自知道或者应当知道作出行政行为之日起六个月内提出。法律另有规定的除外。因不动产提起诉讼的案件自行政行为作出之日起超过二十年，其他案件自行政行为作出之日起超过五年提起诉讼的，人民法院不予受理。"

配　套

《行政复议法》第9条；《行政诉讼法》第44条、第45条、第46条

第九章　附　　则

第七十七条　【反有组织犯罪法的生效日期】本法自2022年5月1日起施行。

配 套 法 规

中华人民共和国刑法（节录）

（1979年7月1日第五届全国人民代表大会第二次会议通过　1997年3月14日第八届全国人民代表大会第五次会议修订　根据1998年12月29日第九届全国人民代表大会常务委员会第六次会议通过的《全国人民代表大会常务委员会关于惩治骗购外汇、逃汇和非法买卖外汇犯罪的决定》、1999年12月25日第九届全国人民代表大会常务委员会第十三次会议通过的《中华人民共和国刑法修正案》、2001年8月31日第九届全国人民代表大会常务委员会第二十三次会议通过的《中华人民共和国刑法修正案（二）》、2001年12月29日第九届全国人民代表大会常务委员会第二十五次会议通过的《中华人民共和国刑法修正案（三）》、2002年12月28日第九届全国人民代表大会常务委员会第三十一次会议通过的《中华人民共和国刑法修正案（四）》、2005年2月28日第十届全国人民代表大会常务委员会第十四次会议通过的《中华人民共和国刑法修正案（五）》、2006年6月29日第十届全国人民代表大会常务委员会第二十二次会议通过的《中华人民共和国刑法修正案（六）》、2009年2月28日第十一届全国人民代表大会常务委员会第七次会议通过的《中华人民共和国刑法修正案（七）》、2009年8月27日第十一届全国人民代表大会常务委员会第十次会议通过的《全国人民代表大会常务委员会关于修改部分法律的决定》、2011年2月25日第十一届全国人民代表大会常务委员会第十九次会议通过的《中华人民共和国刑法修正案（八）》、2015年8月29日第十二届全国人民代表大会常务委员会第十六次会议通过的《中华人民共和国刑法修正案（九）》、2017年11月4日第十二届全国人民代表大会常务委员会第三十次会议通过的《中华人民共和国刑法修正案（十）》和2020年12月26日第十三届全国人民代表大会常务委员会第二十四次会议通过的《中华人民共和国刑法修正案（十一）》修正)[①]

第一编 总　　则

第一章　刑法的任务、基本原则和适用范围

第一条　【立法宗旨】为了惩罚犯罪，保护人民，根据宪法，结合我国同犯罪作斗争的具体经验及实际情况，制定本法。

第二条　【本法任务】中华人民共和国刑法的任务，是用刑罚同一切犯罪行为作斗争，以保卫国家安全，保卫人民民主专政的政权和社会主义制度，保护国有财产和劳动群众集体所有的财产，保护公民私人所有的财产，保护公民的人身权利、民主权利和其他权利，维护社会秩序、经济秩序，保障社会主义建设事业的顺利进行。

[①]　刑法、历次刑法修正案、涉及修改刑法的决定的施行日期，分别依据各法律所规定的施行日期确定。

另，总则部分条文主旨为编者所加，分则部分条文主旨是根据司法解释确定罪名所加。

第三条 【罪刑法定】法律明文规定为犯罪行为的，依照法律定罪处刑；法律没有明文规定为犯罪行为的，不得定罪处刑。

第四条 【适用刑法人人平等】对任何人犯罪，在适用法律上一律平等。不允许任何人有超越法律的特权。

第五条 【罪责刑相适应】刑罚的轻重，应当与犯罪分子所犯罪行和承担的刑事责任相适应。

第六条 【属地管辖权】凡在中华人民共和国领域内犯罪的，除法律有特别规定的以外，都适用本法。

凡在中华人民共和国船舶或者航空器内犯罪的，也适用本法。

犯罪的行为或者结果有一项发生在中华人民共和国领域内的，就认为是在中华人民共和国领域内犯罪。

第七条 【属人管辖权】中华人民共和国公民在中华人民共和国领域外犯本法规定之罪的，适用本法，但是按本法规定的最高刑为三年以下有期徒刑的，可以不予追究。

中华人民共和国国家工作人员和军人在中华人民共和国领域外犯本法规定之罪的，适用本法。

第八条 【保护管辖权】外国人在中华人民共和国领域外对中华人民共和国国家或者公民犯罪，而按本法规定的最低刑为三年以上有期徒刑的，可以适用本法，但是按照犯罪地的法律不受处罚的除外。

第九条 【普遍管辖权】对于中华人民共和国缔结或者参加的国际条约所规定的罪行，中华人民共和国在所承担条约义务的范围内行使刑事管辖权的，适用本法。

第十条 【对外国刑事判决的消极承认】凡在中华人民共和国领域外犯罪，依照本法应当负刑事责任的，虽然经过外国审判，仍然可以依照本法追究，但是在外国已经受过刑罚处罚的，可以免除或者减轻处罚。

第十一条 【外交代表刑事管辖豁免】享有外交特权和豁免权的外国人的刑事责任，通过外交途径解决。

第十二条 【刑法溯及力】中华人民共和国成立以后本法施行以前的行为,如果当时的法律不认为是犯罪的,适用当时的法律;如果当时的法律认为是犯罪的,依照本法总则第四章第八节的规定应当追诉的,按照当时的法律追究刑事责任,但是如果本法不认为是犯罪或者处刑较轻的,适用本法。

本法施行以前,依照当时的法律已经作出的生效判决,继续有效。

第二章 犯 罪

第一节 犯罪和刑事责任

第十三条 【犯罪概念】一切危害国家主权、领土完整和安全,分裂国家、颠覆人民民主专政的政权和推翻社会主义制度,破坏社会秩序和经济秩序,侵犯国有财产或者劳动群众集体所有的财产,侵犯公民私人所有的财产,侵犯公民的人身权利、民主权利和其他权利,以及其他危害社会的行为,依照法律应当受刑罚处罚的,都是犯罪,但是情节显著轻微危害不大的,不认为是犯罪。

第十四条 【故意犯罪】明知自己的行为会发生危害社会的结果,并且希望或者放任这种结果发生,因而构成犯罪的,是故意犯罪。

故意犯罪,应当负刑事责任。

第十五条 【过失犯罪】应当预见自己的行为可能发生危害社会的结果,因为疏忽大意而没有预见,或者已经预见而轻信能够避免,以致发生这种结果的,是过失犯罪。

过失犯罪,法律有规定的才负刑事责任。

第十六条 【不可抗力和意外事件】行为在客观上虽然造成了损害结果,但是不是出于故意或者过失,而是由于不能抗拒或者不能预见的原因所引起的,不是犯罪。

第十七条 【刑事责任年龄】已满十六周岁的人犯罪,应当负刑事责任。

已满十四周岁不满十六周岁的人,犯故意杀人、故意伤害致人重伤或者死亡、强奸、抢劫、贩卖毒品、放火、爆炸、投放危险物质罪的,应当负刑事责任。

已满十二周岁不满十四周岁的人,犯故意杀人、故意伤害罪,致人死亡或者以特别残忍手段致人重伤造成严重残疾,情节恶劣,经最高人民检察院核准追诉的,应当负刑事责任。

对依照前三款规定追究刑事责任的不满十八周岁的人,应当从轻或者减轻处罚。

因不满十六周岁不予刑事处罚的,责令其父母或者其他监护人加以管教;在必要的时候,依法进行专门矫治教育。[①]

第十七条之一 【已满七十五周岁的人的刑事责任】已满七十五周岁的人故意犯罪的,可以从轻或者减轻处罚;过失犯罪的,应当从轻或者减轻处罚。[②]

第十八条 【特殊人员的刑事责任能力】精神病人在不能辨认或者不能控制自己行为的时候造成危害结果,经法定程序鉴定确认的,不负刑事责任,但是应当责令他的家属或者监护人严加看管和医疗;在必要的时候,由政府强制医疗。

间歇性的精神病人在精神正常的时候犯罪,应当负刑事责任。

尚未完全丧失辨认或者控制自己行为能力的精神病人犯罪的,

---

① 根据2020年12月26日《中华人民共和国刑法修正案(十一)》修改。原条文为:"已满十六周岁的人犯罪,应当负刑事责任。

"已满十四周岁不满十六周岁的人,犯故意杀人、故意伤害致人重伤或者死亡、强奸、抢劫、贩卖毒品、放火、爆炸、投毒罪的,应当负刑事责任。

"已满十四周岁不满十八周岁的人犯罪,应当从轻或者减轻处罚。

"因不满十六周岁不予刑事处罚的,责令他的家长或者监护人加以管教;在必要的时候,也可以由政府收容教养。"

② 根据2011年2月25日《中华人民共和国刑法修正案(八)》增加。

应当负刑事责任，但是可以从轻或者减轻处罚。

醉酒的人犯罪，应当负刑事责任。

第十九条 【又聋又哑的人或盲人犯罪的刑事责任】又聋又哑的人或者盲人犯罪，可以从轻、减轻或者免除处罚。

第二十条 【正当防卫】为了使国家、公共利益、本人或者他人的人身、财产和其他权利免受正在进行的不法侵害，而采取的制止不法侵害的行为，对不法侵害人造成损害的，属于正当防卫，不负刑事责任。

正当防卫明显超过必要限度造成重大损害的，应当负刑事责任，但是应当减轻或者免除处罚。

对正在进行行凶、杀人、抢劫、强奸、绑架以及其他严重危及人身安全的暴力犯罪，采取防卫行为，造成不法侵害人伤亡的，不属于防卫过当，不负刑事责任。

第二十一条 【紧急避险】为了使国家、公共利益、本人或者他人的人身、财产和其他权利免受正在发生的危险，不得已采取的紧急避险行为，造成损害的，不负刑事责任。

紧急避险超过必要限度造成不应有的损害的，应当负刑事责任，但是应当减轻或者免除处罚。

第一款中关于避免本人危险的规定，不适用于职务上、业务上负有特定责任的人。

第二节 犯罪的预备、未遂和中止

第二十二条 【犯罪预备】为了犯罪，准备工具、制造条件的，是犯罪预备。

对于预备犯，可以比照既遂犯从轻、减轻处罚或者免除处罚。

第二十三条 【犯罪未遂】已经着手实行犯罪，由于犯罪分子意志以外的原因而未得逞的，是犯罪未遂。

对于未遂犯，可以比照既遂犯从轻或者减轻处罚。

第二十四条 【犯罪中止】在犯罪过程中，自动放弃犯罪或者自动有效地防止犯罪结果发生的，是犯罪中止。

对于中止犯，没有造成损害的，应当免除处罚；造成损害的，应当减轻处罚。

第三节　共 同 犯 罪

第二十五条 【共同犯罪概念】共同犯罪是指二人以上共同故意犯罪。

二人以上共同过失犯罪，不以共同犯罪论处；应当负刑事责任的，按照他们所犯的罪分别处罚。

第二十六条 【主犯】组织、领导犯罪集团进行犯罪活动的或者在共同犯罪中起主要作用的，是主犯。

三人以上为共同实施犯罪而组成的较为固定的犯罪组织，是犯罪集团。

对组织、领导犯罪集团的首要分子，按照集团所犯的全部罪行处罚。

对于第三款规定以外的主犯，应当按照其所参与的或者组织、指挥的全部犯罪处罚。

第二十七条 【从犯】在共同犯罪中起次要或者辅助作用的，是从犯。

对于从犯，应当从轻、减轻处罚或者免除处罚。

第二十八条 【胁从犯】对于被胁迫参加犯罪的，应当按照他的犯罪情节减轻处罚或者免除处罚。

第二十九条 【教唆犯】教唆他人犯罪的，应当按照他在共同犯罪中所起的作用处罚。教唆不满十八周岁的人犯罪的，应当从重处罚。

如果被教唆的人没有犯被教唆的罪，对于教唆犯，可以从轻或者减轻处罚。

第四节 单位犯罪

第三十条 【单位负刑事责任的范围】公司、企业、事业单位、机关、团体实施的危害社会的行为，法律规定为单位犯罪的，应当负刑事责任。

第三十一条 【单位犯罪的处罚原则】单位犯罪的，对单位判处罚金，并对其直接负责的主管人员和其他直接责任人员判处刑罚。本法分则和其他法律另有规定的，依照规定。

第三章 刑 罚

第一节 刑罚的种类

第三十二条 【主刑和附加刑】刑罚分为主刑和附加刑。

第三十三条 【主刑种类】主刑的种类如下：

（一）管制；

（二）拘役；

（三）有期徒刑；

（四）无期徒刑；

（五）死刑。

第三十四条 【附加刑种类】附加刑的种类如下：

（一）罚金；

（二）剥夺政治权利；

（三）没收财产。

附加刑也可以独立适用。

第三十五条 【驱逐出境】对于犯罪的外国人，可以独立适用或者附加适用驱逐出境。

第三十六条 【赔偿经济损失与民事优先原则】由于犯罪行为

而使被害人遭受经济损失的，对犯罪分子除依法给予刑事处罚外，并应根据情况判处赔偿经济损失。

承担民事赔偿责任的犯罪分子，同时被判处罚金，其财产不足以全部支付的，或者被判处没收财产的，应当先承担对被害人的民事赔偿责任。

第三十七条 【非刑罚性处置措施】对于犯罪情节轻微不需要判处刑罚的，可以免予刑事处罚，但是可以根据案件的不同情况，予以训诫或者责令具结悔过、赔礼道歉、赔偿损失，或者由主管部门予以行政处罚或者行政处分。

第三十七条之一 【利用职业便利实施犯罪的禁业限制】因利用职业便利实施犯罪，或者实施违背职业要求的特定义务的犯罪被判处刑罚的，人民法院可以根据犯罪情况和预防再犯罪的需要，禁止其自刑罚执行完毕之日或者假释之日起从事相关职业，期限为三年至五年。

被禁止从事相关职业的人违反人民法院依照前款规定作出的决定的，由公安机关依法给予处罚；情节严重的，依照本法第三百一十三条的规定定罪处罚。

其他法律、行政法规对其从事相关职业另有禁止或者限制性规定的，从其规定。①

第二节 管 制

第三十八条 【管制的期限与执行机关】管制的期限，为三个月以上二年以下。

判处管制，可以根据犯罪情况，同时禁止犯罪分子在执行期间从事特定活动，进入特定区域、场所，接触特定的人。②

---

① 根据2015年8月29日《中华人民共和国刑法修正案（九）》增加。
② 根据2011年2月25日《中华人民共和国刑法修正案（八）》增加一款，作为第二款。

对判处管制的犯罪分子,依法实行社区矫正。①

违反第二款规定的禁止令的,由公安机关依照《中华人民共和国治安管理处罚法》的规定处罚。②

第三十九条 【被管制罪犯的义务与权利】被判处管制的犯罪分子,在执行期间,应当遵守下列规定:

(一)遵守法律、行政法规,服从监督;

(二)未经执行机关批准,不得行使言论、出版、集会、结社、游行、示威自由的权利;

(三)按照执行机关规定报告自己的活动情况;

(四)遵守执行机关关于会客的规定;

(五)离开所居住的市、县或者迁居,应当报经执行机关批准。

对于被判处管制的犯罪分子,在劳动中应当同工同酬。

第四十条 【管制期满解除】被判处管制的犯罪分子,管制期满,执行机关应即向本人和其所在单位或者居住地的群众宣布解除管制。

第四十一条 【管制刑期的计算和折抵】管制的刑期,从判决执行之日起计算;判决执行以前先行羁押的,羁押一日折抵刑期二日。

第三节 拘 役

第四十二条 【拘役的期限】拘役的期限,为一个月以上六个月以下。

第四十三条 【拘役的执行】被判处拘役的犯罪分子,由公安机关就近执行。

---

① 根据 2011 年 2 月 25 日《中华人民共和国刑法修正案(八)》修改。原条文为:"被判处管制的犯罪分子,由公安机关执行。"

② 根据 2011 年 2 月 25 日《中华人民共和国刑法修正案(八)》增加一款,作为第四款。

在执行期间，被判处拘役的犯罪分子每月可以回家一天至两天；参加劳动的，可以酌量发给报酬。

第四十四条　【拘役刑期的计算和折抵】拘役的刑期，从判决执行之日起计算；判决执行以前先行羁押的，羁押一日折抵刑期一日。

第四节　有期徒刑、无期徒刑

第四十五条　【有期徒刑的期限】有期徒刑的期限，除本法第五十条、第六十九条规定外，为六个月以上十五年以下。

第四十六条　【有期徒刑与无期徒刑的执行】被判处有期徒刑、无期徒刑的犯罪分子，在监狱或者其他执行场所执行；凡有劳动能力的，都应当参加劳动，接受教育和改造。

第四十七条　【有期徒刑刑期的计算与折抵】有期徒刑的刑期，从判决执行之日起计算；判决执行以前先行羁押的，羁押一日折抵刑期一日。

第五节　死　　刑

第四十八条　【死刑、死缓的适用对象及核准程序】死刑只适用于罪行极其严重的犯罪分子。对于应当判处死刑的犯罪分子，如果不是必须立即执行的，可以判处死刑同时宣告缓期二年执行。

死刑除依法由最高人民法院判决的以外，都应当报请最高人民法院核准。死刑缓期执行的，可以由高级人民法院判决或者核准。

第四十九条　【死刑适用对象的限制】犯罪的时候不满十八周岁的人和审判的时候怀孕的妇女，不适用死刑。

审判的时候已满七十五周岁的人，不适用死刑，但以特别残忍手段致人死亡的除外。[①]

---

① 根据 2011 年 2 月 25 日《中华人民共和国刑法修正案（八）》增加一款，作为第二款。

第五十条 【死缓变更】判处死刑缓期执行的,在死刑缓期执行期间,如果没有故意犯罪,二年期满以后,减为无期徒刑;如果确有重大立功表现,二年期满以后,减为二十五年有期徒刑;如果故意犯罪,情节恶劣的,报请最高人民法院核准后执行死刑;对于故意犯罪未执行死刑的,死刑缓期执行的期间重新计算,并报最高人民法院备案。①

对被判处死刑缓期执行的累犯以及因故意杀人、强奸、抢劫、绑架、放火、爆炸、投放危险物质或者有组织的暴力性犯罪被判处死刑缓期执行的犯罪分子,人民法院根据犯罪情节等情况可以同时决定对其限制减刑。②

第五十一条 【死缓期间及减为有期徒刑的刑期计算】死刑缓期执行的期间,从判决确定之日起计算。死刑缓期执行减为有期徒刑的刑期,从死刑缓期执行期满之日起计算。

第六节 罚 金

第五十二条 【罚金数额的裁量】判处罚金,应当根据犯罪情节决定罚金数额。

第五十三条 【罚金的缴纳】罚金在判决指定的期限内一次或者分期缴纳。期满不缴纳的,强制缴纳。对于不能全部缴纳罚金的,人民法院在任何时候发现被执行人有可以执行的财产,应当随时

---

① 根据 2011 年 2 月 25 日《中华人民共和国刑法修正案(八)》第一次修改。原条文为:"判处死刑缓期执行的,在死刑缓期执行期间,如果没有故意犯罪,二年期满以后,减为无期徒刑;如果确有重大立功表现,二年期满以后,减为十五年以上二十年以下有期徒刑;如果故意犯罪,查证属实的,由最高人民法院核准,执行死刑。"

根据 2015 年 8 月 29 日《中华人民共和国刑法修正案(九)》第二次修改。原第一款条文为:"判处死刑缓期执行的,在死刑缓期执行期间,如果没有故意犯罪,二年期满以后,减为无期徒刑;如果确有重大立功表现,二年期满以后,减为二十五年有期徒刑;如果故意犯罪,查证属实的,由最高人民法院核准,执行死刑。"

② 根据 2011 年 2 月 25 日《中华人民共和国刑法修正案(八)》增加。

追缴。

由于遭遇不能抗拒的灾祸等原因缴纳确实有困难的，经人民法院裁定，可以延期缴纳、酌情减少或者免除。①

第七节 剥夺政治权利

第五十四条 【剥夺政治权利的含义】剥夺政治权利是剥夺下列权利：

（一）选举权和被选举权；

（二）言论、出版、集会、结社、游行、示威自由的权利；

（三）担任国家机关职务的权利；

（四）担任国有公司、企业、事业单位和人民团体领导职务的权利。

第五十五条 【剥夺政治权利的期限】剥夺政治权利的期限，除本法第五十七条规定外，为一年以上五年以下。

判处管制附加剥夺政治权利的，剥夺政治权利的期限与管制的期限相等，同时执行。

第五十六条 【剥夺政治权利的附加、独立适用】对于危害国家安全的犯罪分子应当附加剥夺政治权利；对于故意杀人、强奸、放火、爆炸、投毒、抢劫等严重破坏社会秩序的犯罪分子，可以附加剥夺政治权利。

独立适用剥夺政治权利的，依照本法分则的规定。

第五十七条 【对死刑、无期徒刑犯罪剥夺政治权利的适用】对于被判处死刑、无期徒刑的犯罪分子，应当剥夺政治权利终身。

在死刑缓期执行减为有期徒刑或者无期徒刑减为有期徒刑的时候，应当把附加剥夺政治权利的期限改为三年以上十年以下。

---

① 根据 2015 年 8 月 29 日《中华人民共和国刑法修正案（九）》修改。原条文为："罚金在判决指定的期限内一次或者分期缴纳。期满不缴纳的，强制缴纳。对于不能全部缴纳罚金的，人民法院在任何时候发现被执行人有可以执行的财产，应当随时追缴。如果由于遭遇不能抗拒的灾祸缴纳确实有困难的，可以酌情减少或者免除。"

第五十八条 　【剥夺政治权利的刑期计算、效力与执行】附加剥夺政治权利的刑期，从徒刑、拘役执行完毕之日或者从假释之日起计算；剥夺政治权利的效力当然施用于主刑执行期间。

被剥夺政治权利的犯罪分子，在执行期间，应当遵守法律、行政法规和国务院公安部门有关监督管理的规定，服从监督；不得行使本法第五十四条规定的各项权利。

第八节　没收财产

第五十九条 　【没收财产的范围】没收财产是没收犯罪分子个人所有财产的一部或者全部。没收全部财产的，应当对犯罪分子个人及其扶养的家属保留必需的生活费用。

在判处没收财产的时候，不得没收属于犯罪分子家属所有或者应有的财产。

第六十条 　【以没收的财产偿还债务】没收财产以前犯罪分子所负的正当债务，需要以没收的财产偿还的，经债权人请求，应当偿还。

第四章　刑罚的具体运用

第一节　量　　刑

第六十一条 　【量刑的一般原则】对于犯罪分子决定刑罚的时候，应当根据犯罪的事实、犯罪的性质、情节和对于社会的危害程度，依照本法的有关规定判处。

第六十二条 　【从重处罚与从轻处罚】犯罪分子具有本法规定的从重处罚、从轻处罚情节的，应当在法定刑的限度以内判处刑罚。

第六十三条 　【减轻处罚】犯罪分子具有本法规定的减轻处罚

情节的，应当在法定刑以下判处刑罚；本法规定有数个量刑幅度的，应当在法定量刑幅度的下一个量刑幅度内判处刑罚。①

犯罪分子虽然不具有本法规定的减轻处罚情节，但是根据案件的特殊情况，经最高人民法院核准，也可以在法定刑以下判处刑罚。

第六十四条 【犯罪物品的处理】犯罪分子违法所得的一切财物，应当予以追缴或者责令退赔；对被害人的合法财产，应当及时返还；违禁品和供犯罪所用的本人财物，应当予以没收。没收的财物和罚金，一律上缴国库，不得挪用和自行处理。

第二节 累　　犯

第六十五条 【一般累犯】被判处有期徒刑以上刑罚的犯罪分子，刑罚执行完毕或者赦免以后，在五年以内再犯应当判处有期徒刑以上刑罚之罪的，是累犯，应当从重处罚，但是过失犯罪和不满十八周岁的人犯罪的除外。②

前款规定的期限，对于被假释的犯罪分子，从假释期满之日起计算。

第六十六条 【特别累犯】危害国家安全犯罪、恐怖活动犯罪、黑社会性质的组织犯罪的犯罪分子，在刑罚执行完毕或者赦免以后，在任何时候再犯上述任一类罪的，都以累犯论处。③

---

① 根据2011年2月25日《中华人民共和国刑法修正案（八）》修改。原第一款条文为："犯罪分子具有本法规定的减轻处罚情节的，应当在法定刑以下判处刑罚。"

② 根据2011年2月25日《中华人民共和国刑法修正案（八）》修改。原第一款条文为："被判处有期徒刑以上刑罚的犯罪分子，刑罚执行完毕或者赦免以后，在五年以内再犯应当判处有期徒刑以上刑罚之罪的，是累犯，应当从重处罚，但是过失犯罪除外。"

③ 根据2011年2月25日《中华人民共和国刑法修正案（八）》修改。原条文为："危害国家安全的犯罪分子在刑罚执行完毕或者赦免以后，在任何时候再犯危害国家安全罪的，都以累犯论处。"

第三节　自首和立功

第六十七条　【自首和坦白】犯罪以后自动投案，如实供述自己的罪行的，是自首。对于自首的犯罪分子，可以从轻或者减轻处罚。其中，犯罪较轻的，可以免除处罚。

被采取强制措施的犯罪嫌疑人、被告人和正在服刑的罪犯，如实供述司法机关还未掌握的本人其他罪行的，以自首论。

犯罪嫌疑人虽不具有前两款规定的自首情节，但是如实供述自己罪行的，可以从轻处罚；因其如实供述自己罪行，避免特别严重后果发生的，可以减轻处罚。①

第六十八条　【立功】犯罪分子有揭发他人犯罪行为，查证属实的，或者提供重要线索，从而得以侦破其他案件等立功表现的，可以从轻或者减轻处罚；有重大立功表现的，可以减轻或者免除处罚。②

第四节　数　罪　并　罚

第六十九条　【数罪并罚的一般原则】判决宣告以前一人犯数罪的，除判处死刑和无期徒刑的以外，应当在总和刑期以下、数刑中最高刑期以上，酌情决定执行的刑期，但是管制最高不能超过三年，拘役最高不能超过一年，有期徒刑总和刑期不满三十五年的，最高不能超过二十年，总和刑期在三十五年以上的，最高不能超过二十五年。

数罪中有判处有期徒刑和拘役的，执行有期徒刑。数罪中有判处有期徒刑和管制，或者拘役和管制的，有期徒刑、拘役执行完毕

---

① 根据 2011 年 2 月 25 日《中华人民共和国刑法修正案（八）》增加一款，作为第三款。

② 根据 2011 年 2 月 25 日《中华人民共和国刑法修正案（八）》修改，删去本条第二款。原第二款条文为："犯罪后自首又有重大立功表现的，应当减轻或者免除处罚。"

后，管制仍须执行。①

数罪中有判处附加刑的，附加刑仍须执行，其中附加刑种类相同的，合并执行，种类不同的，分别执行。②

第七十条 【判决宣告后发现漏罪的并罚】判决宣告以后，刑罚执行完毕以前，发现被判刑的犯罪分子在判决宣告以前还有其他罪没有判决的，应当对新发现的罪作出判决，把前后两个判决所判处的刑罚，依照本法第六十九条的规定，决定执行的刑罚。已经执行的刑期，应当计算在新判决决定的刑期以内。

第七十一条 【判决宣告后又犯新罪的并罚】判决宣告以后，刑罚执行完毕以前，被判刑的犯罪分子又犯罪的，应当对新犯的罪作出判决，把前罪没有执行的刑罚和后罪所判处的刑罚，依照本法第六十九条的规定，决定执行的刑罚。

第五节 缓　　刑

第七十二条 【缓刑的适用条件】对于被判处拘役、三年以下有期徒刑的犯罪分子，同时符合下列条件的，可以宣告缓刑，对其中不满十八周岁的人、怀孕的妇女和已满七十五周岁的人，应当宣告缓刑：

（一）犯罪情节较轻；

（二）有悔罪表现；

（三）没有再犯罪的危险；

（四）宣告缓刑对所居住社区没有重大不良影响。

---

① 根据2015年8月29日《中华人民共和国刑法修正案（九）》增加一款，作为第二款。原第二款作为第三款。

② 根据2011年2月25日《中华人民共和国刑法修正案（八）》修改。原条文为："判决宣告以前一人犯数罪的，除判处死刑和无期徒刑的以外，应当在总和刑期以下、数刑中最高刑期以上，酌情决定执行的刑期，但是管制最高不能超过三年，拘役最高不能超过一年，有期徒刑最高不能超过二十年。

"如果数罪中有判处附加刑的，附加刑仍须执行。"

宣告缓刑，可以根据犯罪情况，同时禁止犯罪分子在缓刑考验期限内从事特定活动，进入特定区域、场所，接触特定的人。

被宣告缓刑的犯罪分子，如果被判处附加刑，附加刑仍须执行。①

第七十三条　【缓刑的考验期限】拘役的缓刑考验期限为原判刑期以上一年以下，但是不能少于二个月。

有期徒刑的缓刑考验期限为原判刑期以上五年以下，但是不能少于一年。

缓刑考验期限，从判决确定之日起计算。

第七十四条　【累犯不适用缓刑】对于累犯和犯罪集团的首要分子，不适用缓刑。②

第七十五条　【缓刑犯应遵守的规定】被宣告缓刑的犯罪分子，应当遵守下列规定：

（一）遵守法律、行政法规，服从监督；

（二）按照考察机关的规定报告自己的活动情况；

（三）遵守考察机关关于会客的规定；

（四）离开所居住的市、县或者迁居，应当报经考察机关批准。

第七十六条　【缓刑的考验及其积极后果】对宣告缓刑的犯罪分子，在缓刑考验期限内，依法实行社区矫正，如果没有本法第七十七条规定的情形，缓刑考验期满，原判的刑罚就不再执行，并公开予以宣告。③

---

① 根据2011年2月25日《中华人民共和国刑法修正案（八）》修改。原条文为："对于被判处拘役、三年以下有期徒刑的犯罪分子，根据犯罪分子的犯罪情节和悔罪表现，适用缓刑确实不致再危害社会的，可以宣告缓刑。

"被宣告缓刑的犯罪分子，如果被判处附加刑，附加刑仍须执行。"

② 根据2011年2月25日《中华人民共和国刑法修正案（八）》修改。原条文为："对于累犯，不适用缓刑。"

③ 根据2011年2月25日《中华人民共和国刑法修正案（八）》修改。原条文为："被宣告缓刑的犯罪分子，在缓刑考验期限内，由公安机关考察，所在单位或者基层组织予以配合，如果没有本法第七十七条规定的情形，缓刑考验期满，原判的刑罚就不再执行，并公开予以宣告。"

第七十七条 【缓刑的撤销及其处理】被宣告缓刑的犯罪分子，在缓刑考验期限内犯新罪或者发现判决宣告以前还有其他罪没有判决的，应当撤销缓刑，对新犯的罪或者新发现的罪作出判决，把前罪和后罪所判处的刑罚，依照本法第六十九条的规定，决定执行的刑罚。

被宣告缓刑的犯罪分子，在缓刑考验期限内，违反法律、行政法规或者国务院有关部门关于缓刑的监督管理规定，或者违反人民法院判决中的禁止令，情节严重的，应当撤销缓刑，执行原判刑罚。①

第六节 减　刑

第七十八条 【减刑条件与限度】被判处管制、拘役、有期徒刑、无期徒刑的犯罪分子，在执行期间，如果认真遵守监规，接受教育改造，确有悔改表现的，或者有立功表现的，可以减刑；有下列重大立功表现之一的，应当减刑：

（一）阻止他人重大犯罪活动的；

（二）检举监狱内外重大犯罪活动，经查证属实的；

（三）有发明创造或者重大技术革新的；

（四）在日常生产、生活中舍己救人的；

（五）在抗御自然灾害或者排除重大事故中，有突出表现的；

（六）对国家和社会有其他重大贡献的。

减刑以后实际执行的刑期不能少于下列期限：

（一）判处管制、拘役、有期徒刑的，不能少于原判刑期的二分之一；

（二）判处无期徒刑的，不能少于十三年；

（三）人民法院依照本法第五十条第二款规定限制减刑的死刑缓期执行的犯罪分子，缓期执行期满后依法减为无期徒刑的，不能少

---

① 根据2011年2月25日《中华人民共和国刑法修正案（八）》修改。原第二款条文为："被宣告缓刑的犯罪分子，在缓刑考验期限内，违反法律、行政法规或者国务院公安部门有关缓刑的监督管理规定，情节严重的，应当撤销缓刑，执行原判刑罚。"

于二十五年,缓期执行期满后依法减为二十五年有期徒刑的,不能少于二十年。①

第七十九条 【减刑程序】 对于犯罪分子的减刑,由执行机关向中级以上人民法院提出减刑建议书。人民法院应当组成合议庭进行审理,对确有悔改或者立功事实的,裁定予以减刑。非经法定程序不得减刑。

第八十条 【无期徒刑减刑的刑期计算】 无期徒刑减为有期徒刑的刑期,从裁定减刑之日起计算。

第七节 假　释

第八十一条 【假释的适用条件】 被判处有期徒刑的犯罪分子,执行原判刑期二分之一以上,被判处无期徒刑的犯罪分子,实际执行十三年以上,如果认真遵守监规,接受教育改造,确有悔改表现,没有再犯罪的危险的,可以假释。如果有特殊情况,经最高人民法院核准,可以不受上述执行刑期的限制。

对累犯以及因故意杀人、强奸、抢劫、绑架、放火、爆炸、投放危险物质或者有组织的暴力性犯罪被判处十年以上有期徒刑、无期徒刑的犯罪分子,不得假释。

对犯罪分子决定假释时,应当考虑其假释后对所居住社区的影响。②

---

① 根据2011年2月25日《中华人民共和国刑法修正案(八)》修改。原第二款条文为:"减刑以后实际执行的刑期,判处管制、拘役、有期徒刑的,不能少于原判刑期的二分之一;判处无期徒刑的,不能少于十年。"

② 根据2011年2月25日《中华人民共和国刑法修正案(八)》修改。原条文为:"被判处有期徒刑的犯罪分子,执行原判刑期二分之一以上,被判处无期徒刑的犯罪分子,实际执行十年以上,如果认真遵守监规,接受教育改造,确有悔改表现,假释后不致再危害社会的,可以假释。如果有特殊情况,经最高人民法院核准,可以不受上述执行刑期的限制。

"对累犯以及因杀人、爆炸、抢劫、强奸、绑架等暴力性犯罪被判处十年以上有期徒刑、无期徒刑的犯罪分子,不得假释。"

第八十二条 【假释的程序】对于犯罪分子的假释,依照本法第七十九条规定的程序进行。非经法定程序不得假释。

第八十三条 【假释的考验期限】有期徒刑的假释考验期限,为没有执行完毕的刑期;无期徒刑的假释考验期限为十年。

假释考验期限,从假释之日起计算。

第八十四条 【假释犯应遵守的规定】被宣告假释的犯罪分子,应当遵守下列规定:

(一)遵守法律、行政法规,服从监督;

(二)按照监督机关的规定报告自己的活动情况;

(三)遵守监督机关关于会客的规定;

(四)离开所居住的市、县或者迁居,应当报经监督机关批准。

第八十五条 【假释考验及其积极后果】对假释的犯罪分子,在假释考验期限内,依法实行社区矫正,如果没有本法第八十六条规定的情形,假释考验期满,就认为原判刑罚已经执行完毕,并公开予以宣告。①

第八十六条 【假释的撤销及其处理】被假释的犯罪分子,在假释考验期限内犯新罪,应当撤销假释,依照本法第七十一条的规定实行数罪并罚。

在假释考验期限内,发现被假释的犯罪分子在判决宣告以前还有其他罪没有判决的,应当撤销假释,依照本法第七十条的规定实行数罪并罚。

被假释的犯罪分子,在假释考验期限内,有违反法律、行政法规或者国务院有关部门关于假释的监督管理规定的行为,尚未构成新的犯罪的,应当依照法定程序撤销假释,收监执行未执行完毕的

---

① 根据2011年2月25日《中华人民共和国刑法修正案(八)》修改。原条文为:"被假释的犯罪分子,在假释考验期限内,由公安机关予以监督,如果没有本法第八十六条规定的情形,假释考验期满,就认为原判刑罚已经执行完毕,并公开予以宣告。"

刑罚。①

第八节 时 效

第八十七条 【追诉时效期限】犯罪经过下列期限不再追诉：

（一）法定最高刑为不满五年有期徒刑的，经过五年；

（二）法定最高刑为五年以上不满十年有期徒刑的，经过十年；

（三）法定最高刑为十年以上有期徒刑的，经过十五年；

（四）法定最高刑为无期徒刑、死刑的，经过二十年。如果二十年以后认为必须追诉的，须报请最高人民检察院核准。

第八十八条 【不受追诉时效限制】在人民检察院、公安机关、国家安全机关立案侦查或者在人民法院受理案件以后，逃避侦查或者审判的，不受追诉期限的限制。

被害人在追诉期限内提出控告，人民法院、人民检察院、公安机关应当立案而不予立案的，不受追诉期限的限制。

第八十九条 【追诉期限的计算与中断】追诉期限从犯罪之日起计算；犯罪行为有连续或者继续状态的，从犯罪行为终了之日起计算。

在追诉期限以内又犯罪的，前罪追诉的期限从犯后罪之日起计算。

第五章 其他规定

第九十条 【民族自治地方刑法适用的变通】民族自治地方不能全部适用本法规定的，可以由自治区或者省的人民代表大会根据

---

① 根据 2011 年 2 月 25 日《中华人民共和国刑法修正案（八）》修改。原第三款条文为："被假释的犯罪分子，在假释考验期限内，有违反法律、行政法规或者国务院公安部门有关假释的监督管理规定的行为，尚未构成新的犯罪的，应当依照法定程序撤销假释，收监执行未执行完毕的刑罚。"

当地民族的政治、经济、文化的特点和本法规定的基本原则，制定变通或者补充的规定，报请全国人民代表大会常务委员会批准施行。

第九十一条 【公共财产的范围】本法所称公共财产，是指下列财产：

（一）国有财产；

（二）劳动群众集体所有的财产；

（三）用于扶贫和其他公益事业的社会捐助或者专项基金的财产。

在国家机关、国有公司、企业、集体企业和人民团体管理、使用或者运输中的私人财产，以公共财产论。

第九十二条 【公民私人所有财产的范围】本法所称公民私人所有的财产，是指下列财产：

（一）公民的合法收入、储蓄、房屋和其他生活资料；

（二）依法归个人、家庭所有的生产资料；

（三）个体户和私营企业的合法财产；

（四）依法归个人所有的股份、股票、债券和其他财产。

第九十三条 【国家工作人员的范围】本法所称国家工作人员，是指国家机关中从事公务的人员。

国有公司、企业、事业单位、人民团体中从事公务的人员和国家机关、国有公司、企业、事业单位委派到非国有公司、企业、事业单位、社会团体从事公务的人员，以及其他依照法律从事公务的人员，以国家工作人员论。

第九十四条 【司法工作人员的范围】本法所称司法工作人员，是指有侦查、检察、审判、监管职责的工作人员。

第九十五条 【重伤】本法所称重伤，是指有下列情形之一的伤害：

（一）使人肢体残废或者毁人容貌的；

（二）使人丧失听觉、视觉或者其他器官机能的；

（三）其他对于人身健康有重大伤害的。

第九十六条 【违反国家规定之含义】本法所称违反国家规定，是指违反全国人民代表大会及其常务委员会制定的法律和决定，国务院制定的行政法规、规定的行政措施、发布的决定和命令。

第九十七条 【首要分子的范围】本法所称首要分子，是指在犯罪集团或者聚众犯罪中起组织、策划、指挥作用的犯罪分子。

第九十八条 【告诉才处理的含义】本法所称告诉才处理，是指被害人告诉才处理。如果被害人因受强制、威吓无法告诉的，人民检察院和被害人的近亲属也可以告诉。

第九十九条 【以上、以下、以内之界定】本法所称以上、以下、以内，包括本数。

第一百条 【前科报告制度】依法受过刑事处罚的人，在入伍、就业的时候，应当如实向有关单位报告自己曾受过刑事处罚，不得隐瞒。

犯罪的时候不满十八周岁被判处五年有期徒刑以下刑罚的人，免除前款规定的报告义务。[①]

第一百零一条 【总则的效力】本法总则适用于其他有刑罚规定的法律，但是其他法律有特别规定的除外。

……

第一百五十一条 【走私武器、弹药罪】【走私核材料罪】【走私假币罪】走私武器、弹药、核材料或者伪造的货币的，处七年以上有期徒刑，并处罚金或者没收财产；情节特别严重的，处无期徒刑，并处没收财产；情节较轻的，处三年以上七年以下有期徒刑，并处罚金。

【走私文物罪】【走私贵重金属罪】【走私珍贵动物、珍贵动物制品罪】走私国家禁止出口的文物、黄金、白银和其他贵重金属或者国家禁止进出口的珍贵动物及其制品的，处五年以上十年以下有

[①] 根据2011年2月25日《中华人民共和国刑法修正案（八）》增加一款，作为第二款。

期徒刑,并处罚金;情节特别严重的,处十年以上有期徒刑或者无期徒刑,并处没收财产;情节较轻的,处五年以下有期徒刑,并处罚金。

【走私国家禁止进出口的货物、物品罪】 走私珍稀植物及其制品等国家禁止进出口的其他货物、物品的,处五年以下有期徒刑或者拘役,并处或者单处罚金;情节严重的,处五年以上有期徒刑,并处罚金。

单位犯本条规定之罪的,对单位判处罚金,并对其直接负责的主管人员和其他直接责任人员,依照本条各款的规定处罚。①

第一百五十二条 **【走私淫秽物品罪】** 以牟利或者传播为目的,走私淫秽的影片、录像带、录音带、图片、书刊或者其他淫秽物品的,处三年以上十年以下有期徒刑,并处罚金;情节严重的,处十年以上有期徒刑或者无期徒刑,并处罚金或者没收财产;情节较轻的,处三年以下有期徒刑、拘役或者管制,并处罚金。

【走私废物罪】 逃避海关监管将境外固体废物、液态废物和气态废物运输进境,情节严重的,处五年以下有期徒刑,并处或者单处

---

① 根据2009年2月28日《中华人民共和国刑法修正案(七)》第一次修改。原第三款条文为:"走私国家禁止进出口的珍贵植物及其制品的,处五年以下有期徒刑,并处或者单处罚金;情节严重的,处五年以上有期徒刑,并处罚金。"

根据2011年2月25日《中华人民共和国刑法修正案(八)》第二次修改。原条文为:"走私武器、弹药、核材料或者伪造的货币的,处七年以上有期徒刑,并处罚金或者没收财产;情节较轻的,处三年以上七年以下有期徒刑,并处罚金。

"走私国家禁止出口的文物、黄金、白银和其他贵重金属或者国家禁止进出口的珍贵动物及其制品的,处五年以上有期徒刑,并处罚金;情节较轻的,处五年以下有期徒刑,并处罚金。

"走私珍稀植物及其制品等国家禁止进出口的其他货物、物品的,处五年以下有期徒刑或者拘役,并处或者单处罚金;情节严重的,处五年以上有期徒刑,并处罚金。

"犯第一款、第二款罪,情节特别严重的,处无期徒刑或者死刑,并处没收财产。

"单位犯本条规定之罪的,对单位判处罚金,并对其直接负责的主管人员和其他直接责任人员,依照本条各款的规定处罚。"

根据2015年8月29日《中华人民共和国刑法修正案(九)》第三次修改。原第一款条文为:"走私武器、弹药、核材料或者伪造的货币的,处七年以上有期徒刑,并处罚金或者没收财产;情节特别严重的,处无期徒刑或者死刑,并处没收财产;情节较轻的,处三年以上七年以下有期徒刑,并处罚金。"

罚金；情节特别严重的，处五年以上有期徒刑，并处罚金。①

单位犯前两款罪的，对单位判处罚金，并对其直接负责的主管人员和其他直接责任人员，依照前两款的规定处罚。②

第一百五十三条 【走私普通货物、物品罪】走私本法第一百五十一条、第一百五十二条、第三百四十七条规定以外的货物、物品的，根据情节轻重，分别依照下列规定处罚：

（一）走私货物、物品偷逃应缴税额较大或者一年内曾因走私被给予二次行政处罚后又走私的，处三年以下有期徒刑或者拘役，并处偷逃应缴税额一倍以上五倍以下罚金。

（二）走私货物、物品偷逃应缴税额巨大或者有其他严重情节的，处三年以上十年以下有期徒刑，并处偷逃应缴税额一倍以上五倍以下罚金。

（三）走私货物、物品偷逃应缴税额特别巨大或者有其他特别严重情节的，处十年以上有期徒刑或者无期徒刑，并处偷逃应缴税额一倍以上五倍以下罚金或者没收财产。③

---

① 根据2002年12月28日《中华人民共和国刑法修正案（四）》增加一款，作为第二款，原第二款改为本条第三款。

② 根据2002年12月28日《中华人民共和国刑法修正案（四）》修改。本款原条文为："单位犯前款罪的，对单位判处罚金，并对其直接负责的主管人员和其他直接责任人员，依照前款的规定处罚。"

③ 根据2011年2月25日《中华人民共和国刑法修正案（八）》修改。原第一款条文为："走私本法第一百五十一条、第一百五十二条、第三百四十七条规定以外的货物、物品的，根据情节轻重，分别依照下列规定处罚：

"（一）走私货物、物品偷逃应缴税额在五十万元以上的，处十年以上有期徒刑或者无期徒刑，并处偷逃应缴税额一倍以上五倍以下罚金或者没收财产；情节特别严重的，依照本法第一百五十一条第四款的规定处罚。

"（二）走私货物、物品偷逃应缴税额在十五万元以上不满五十万元的，处三年以上十年以下有期徒刑，并处偷逃应缴税额一倍以上五倍以下罚金；情节特别严重的，处十年以上有期徒刑或者无期徒刑，并处偷逃应缴税额一倍以上五倍以下罚金或者没收财产。

"（三）走私货物、物品偷逃应缴税额在五万元以上不满十五万元的，处三年以下有期徒刑或者拘役，并处偷逃应缴税额一倍以上五倍以下罚金。"

单位犯前款罪的，对单位判处罚金，并对其直接负责的主管人员和其他直接责任人员，处三年以下有期徒刑或者拘役；情节严重的，处三年以上十年以下有期徒刑；情节特别严重的，处十年以上有期徒刑。

对多次走私未经处理的，按照累计走私货物、物品的偷逃应缴税额处罚。

第一百五十四条 【走私普通货物、物品罪的特殊形式】下列走私行为，根据本节规定构成犯罪的，依照本法第一百五十三条的规定定罪处罚：

（一）未经海关许可并且未补缴应缴税额，擅自将批准进口的来料加工、来件装配、补偿贸易的原材料、零件、制成品、设备等保税货物，在境内销售牟利的；

（二）未经海关许可并且未补缴应缴税额，擅自将特定减税、免税进口的货物、物品，在境内销售牟利的。

第一百五十五条 【以走私罪论处的间接走私行为】下列行为，以走私罪论处，依照本节的有关规定处罚：

（一）直接向走私人非法收购国家禁止进口物品的，或者直接向走私人非法收购走私进口的其他货物、物品，数额较大的；

（二）在内海、领海、界河、界湖运输、收购、贩卖国家禁止进出口物品的，或者运输、收购、贩卖国家限制进出口货物、物品，数额较大，没有合法证明的。①

第一百五十六条 【走私共犯】与走私罪犯通谋，为其提供贷

---

① 根据2002年12月28日《中华人民共和国刑法修正案（四）》修改。原条文为："下列行为，以走私罪论处，依照本节的有关规定处罚：

"（一）直接向走私人非法收购国家禁止进口物品的，或者直接向走私人非法收购走私进口的其他货物、物品，数额较大的；

"（二）在内海、领海运输、收购、贩卖国家禁止进出口物品的，或者运输、贩卖国家限制进出口货物、物品，数额较大，没有合法证明的；

"（三）逃避海关监管将境外固体废物运输进境的。"

款、资金、帐号、发票、证明，或者为其提供运输、保管、邮寄或者其他方便的，以走私罪的共犯论处。

第一百五十七条 【武装掩护走私、抗拒缉私的刑事处罚规定】武装掩护走私的，依照本法第一百五十一条第一款的规定从重处罚。①

以暴力、威胁方法抗拒缉私的，以走私罪和本法第二百七十七条规定的阻碍国家机关工作人员依法执行职务罪，依照数罪并罚的规定处罚。

……

第一百九十一条 【洗钱罪】为掩饰、隐瞒毒品犯罪、黑社会性质的组织犯罪、恐怖活动犯罪、走私犯罪、贪污贿赂犯罪、破坏金融管理秩序犯罪、金融诈骗犯罪的所得及其产生的收益的来源和性质，有下列行为之一的，没收实施以上犯罪的所得及其产生的收益，处五年以下有期徒刑或者拘役，并处或者单处罚金；情节严重的，处五年以上十年以下有期徒刑，并处罚金：

（一）提供资金帐户的；
（二）将财产转换为现金、金融票据、有价证券的；
（三）通过转帐或者其他支付结算方式转移资金的；
（四）跨境转移资产的；
（五）以其他方法掩饰、隐瞒犯罪所得及其收益的来源和性质的。

单位犯前款罪的，对单位判处罚金，并对其直接负责的主管人

---

① 根据2011年2月25日《中华人民共和国刑法修正案（八）》修改。原第一款条文为："武装掩护走私的，依照本法第一百五十一条第一款、第四款的规定从重处罚。"

员和其他直接责任人员,依照前款的规定处罚。①

---

① 根据 2001 年 12 月 29 日《中华人民共和国刑法修正案(三)》第一次修改。原条文为:"明知是毒品犯罪、黑社会性质的组织犯罪、走私犯罪的违法所得及其产生的收益,为掩饰、隐瞒其来源和性质,有下列行为之一的,没收实施以上犯罪的违法所得及其产生的收益,处五年以下有期徒刑或者拘役,并处或者单处洗钱数额百分之五以上百分之二十以下罚金;情节严重的,处五年以上十年以下有期徒刑,并处洗钱数额百分之五以上百分之二十以下罚金:

"(一)提供资金帐户的;

"(二)协助将财产转换为现金或者金融票据的;

"(三)通过转帐或者其他结算方式协助资金转移的;

"(四)协助将资金汇往境外的;

"(五)以其他方法掩饰、隐瞒犯罪的违法所得及其收益的性质和来源的。

"单位犯前款罪的,对单位判处罚金,并对其直接负责的主管人员和其他直接责任人员,处五年以下有期徒刑或者拘役。"

根据 2006 年 6 月 29 日《中华人民共和国刑法修正案(六)》第二次修改。原第一款条文为:"明知是毒品犯罪、黑社会性质的组织犯罪、恐怖活动犯罪、走私犯罪的违法所得及其产生的收益,为掩饰、隐瞒其来源和性质,有下列行为之一的,没收实施以上犯罪的违法所得及其产生的收益,处五年以下有期徒刑或者拘役,并处或者单处洗钱数额百分之五以上百分之二十以下罚金;情节严重的,处五年以上十年以下有期徒刑,并处洗钱数额百分之五以上百分之二十以下罚金:

"(一)提供资金帐户的;

"(二)协助将财产转换为现金或者金融票据的;

"(三)通过转帐或者其他结算方式协助资金转移的;

"(四)协助将资金汇往境外的;

"(五)以其他方法掩饰、隐瞒犯罪的违法所得及其收益的来源和性质的。"

根据 2020 年 12 月 26 日《中华人民共和国刑法修正案(十一)》第三次修改。原条文为:"明知是毒品犯罪、黑社会性质的组织犯罪、恐怖活动犯罪、走私犯罪、贪污贿赂犯罪、破坏金融管理秩序犯罪、金融诈骗犯罪的所得及其产生的收益,为掩饰、隐瞒其来源和性质,有下列行为之一的,没收实施以上犯罪的所得及其产生的收益,处五年以下有期徒刑或者拘役,并处或者单处洗钱数额百分之五以上百分之二十以下罚金;情节严重的,处五年以上十年以下有期徒刑,并处洗钱数额百分之五以上百分之二十以下罚金:

"(一)提供资金帐户的;

"(二)协助将财产转换为现金、金融票据、有价证券的;

"(三)通过转帐或者其他结算方式协助资金转移的;

"(四)协助将资金汇往境外的;

"(五)以其他方法掩饰、隐瞒犯罪所得及其收益的来源和性质的。

"单位犯前款罪的,对单位判处罚金,并对其直接负责的主管人员和其他直接责任人员,处五年以下有期徒刑或者拘役;情节严重的,处五年以上十年以下有期徒刑。"

……

第二百三十二条 【故意杀人罪】故意杀人的，处死刑、无期徒刑或者十年以上有期徒刑；情节较轻的，处三年以上十年以下有期徒刑。

第二百三十三条 【过失致人死亡罪】过失致人死亡的，处三年以上七年以下有期徒刑；情节较轻的，处三年以下有期徒刑。本法另有规定的，依照规定。

第二百三十四条 【故意伤害罪】故意伤害他人身体的，处三年以下有期徒刑、拘役或者管制。

犯前款罪，致人重伤的，处三年以上十年以下有期徒刑；致人死亡或者以特别残忍手段致人重伤造成严重残疾的，处十年以上有期徒刑、无期徒刑或者死刑。本法另有规定的，依照规定。

第二百三十四条之一 【组织出卖人体器官罪】组织他人出卖人体器官的，处五年以下有期徒刑，并处罚金；情节严重的，处五年以上有期徒刑，并处罚金或者没收财产。

未经本人同意摘取其器官，或者摘取不满十八周岁的人的器官，或者强迫、欺骗他人捐献器官的，依照本法第二百三十四条、第二百三十二条的规定定罪处罚。

违背本人生前意愿摘取其尸体器官，或者本人生前未表示同意，违反国家规定，违背其近亲属意愿摘取其尸体器官的，依照本法第三百零二条的规定定罪处罚。[①]

第二百三十五条 【过失致人重伤罪】过失伤害他人致人重伤的，处三年以下有期徒刑或者拘役。本法另有规定的，依照规定。

第二百三十六条 【强奸罪】以暴力、胁迫或者其他手段强奸妇女的，处三年以上十年以下有期徒刑。

奸淫不满十四周岁的幼女的，以强奸论，从重处罚。

强奸妇女、奸淫幼女，有下列情形之一的，处十年以上有期徒

---

① 根据2011年2月25日《中华人民共和国刑法修正案（八）》增加。

刑、无期徒刑或者死刑：

（一）强奸妇女、奸淫幼女情节恶劣的；

（二）强奸妇女、奸淫幼女多人的；

（三）在公共场所当众强奸妇女、奸淫幼女的；

（四）二人以上轮奸的；

（五）奸淫不满十周岁的幼女或者造成幼女伤害的；

（六）致使被害人重伤、死亡或者造成其他严重后果的。①

第二百三十六条之一　**【负有照护职责人员性侵罪】**对已满十四周岁不满十六周岁的未成年女性负有监护、收养、看护、教育、医疗等特殊职责的人员，与该未成年女性发生性关系的，处三年以下有期徒刑；情节恶劣的，处三年以上十年以下有期徒刑。

有前款行为，同时又构成本法第二百三十六条规定之罪的，依照处罚较重的规定定罪处罚。②

第二百三十七条　**【强制猥亵、侮辱罪】**以暴力、胁迫或者其他方法强制猥亵他人或者侮辱妇女的，处五年以下有期徒刑或者拘役。

聚众或者在公共场所当众犯前款罪的，或者有其他恶劣情节的，

---

① 根据 2020 年 12 月 26 日《中华人民共和国刑法修正案（十一）》修改。原条文为："以暴力、胁迫或者其他手段强奸妇女的，处三年以上十年以下有期徒刑。

"奸淫不满十四周岁的幼女的，以强奸论，从重处罚。

"强奸妇女、奸淫幼女，有下列情形之一的，处十年以上有期徒刑、无期徒刑或者死刑：

"（一）强奸妇女、奸淫幼女情节恶劣的；

"（二）强奸妇女、奸淫幼女多人的；

"（三）在公共场所当众强奸妇女的；

"（四）二人以上轮奸的；

"（五）致使被害人重伤、死亡或者造成其他严重后果的。"

② 根据 2020 年 12 月 26 日《中华人民共和国刑法修正案（十一）》增加。

处五年以上有期徒刑。①

【猥亵儿童罪】猥亵儿童的，处五年以下有期徒刑；有下列情形之一的，处五年以上有期徒刑：

（一）猥亵儿童多人或者多次的；

（二）聚众猥亵儿童的，或者在公共场所当众猥亵儿童，情节恶劣的；

（三）造成儿童伤害或者其他严重后果的；

（四）猥亵手段恶劣或者有其他恶劣情节的。②

第二百三十八条 **【非法拘禁罪】**非法拘禁他人或者以其他方法非法剥夺他人人身自由的，处三年以下有期徒刑、拘役、管制或者剥夺政治权利。具有殴打、侮辱情节的，从重处罚。

犯前款罪，致人重伤的，处三年以上十年以下有期徒刑；致人死亡的，处十年以上有期徒刑。使用暴力致人伤残、死亡的，依照本法第二百三十四条、第二百三十二条的规定定罪处罚。

为索取债务非法扣押、拘禁他人的，依照前两款的规定处罚。

国家机关工作人员利用职权犯前三款罪的，依照前三款的规定从重处罚。

第二百三十九条 **【绑架罪】**以勒索财物为目的绑架他人的，或者绑架他人作为人质的，处十年以上有期徒刑或者无期徒刑，并处罚金或者没收财产；情节较轻的，处五年以上十年以下有期徒刑，并处罚金。

犯前款罪，杀害被绑架人的，或者故意伤害被绑架人，致人重

---

① 根据2015年8月29日《中华人民共和国刑法修正案（九）》修改。原条文为："以暴力、胁迫或者其他方法强制猥亵妇女或者侮辱妇女的，处五年以下有期徒刑或者拘役。

"聚众或者在公共场所当众犯前款罪的，处五年以上有期徒刑。

"猥亵儿童的，依照前两款的规定从重处罚。"

② 根据2020年12月26日《中华人民共和国刑法修正案（十一）》修改。原第三款条文为："猥亵儿童的，依照前两款的规定从重处罚。"

伤、死亡的，处无期徒刑或者死刑，并处没收财产。

以勒索财物为目的偷盗婴幼儿的，依照前两款的规定处罚。①

第二百四十条 【拐卖妇女、儿童罪】拐卖妇女、儿童的，处五年以上十年以下有期徒刑，并处罚金；有下列情形之一的，处十年以上有期徒刑或者无期徒刑，并处罚金或者没收财产；情节特别严重的，处死刑，并处没收财产：

（一）拐卖妇女、儿童集团的首要分子；

（二）拐卖妇女、儿童三人以上的；

（三）奸淫被拐卖的妇女的；

（四）诱骗、强迫被拐卖的妇女卖淫或者将被拐卖的妇女卖给他人迫使其卖淫的；

（五）以出卖为目的，使用暴力、胁迫或者麻醉方法绑架妇女、儿童的；

（六）以出卖为目的，偷盗婴幼儿的；

（七）造成被拐卖的妇女、儿童或者其亲属重伤、死亡或者其他严重后果的；

（八）将妇女、儿童卖往境外的。

拐卖妇女、儿童是指以出卖为目的，有拐骗、绑架、收买、贩卖、接送、中转妇女、儿童的行为之一的。

第二百四十一条 【收买被拐卖的妇女、儿童罪】收买被拐卖的妇女、儿童的，处三年以下有期徒刑、拘役或者管制。

收买被拐卖的妇女，强行与其发生性关系的，依照本法第二百

---

① 根据2009年2月28日《中华人民共和国刑法修正案（七）》第一次修改。原条文为："以勒索财物为目的绑架他人的，或者绑架他人作为人质的，处十年以上有期徒刑或者无期徒刑，并处罚金或者没收财产；致使被绑架人死亡或杀害被绑架人的，处死刑，并处没收财产。

"以勒索财物为目的偷盗婴幼儿的，依照前款的规定处罚。"

根据2015年8月29日《中华人民共和国刑法修正案（九）》第二次修改。原第二款条文为："犯前款罪，致使被绑架人死亡或者杀害被绑架人的，处死刑，并处没收财产。"

三十六条的规定定罪处罚。

收买被拐卖的妇女、儿童,非法剥夺、限制其人身自由或者有伤害、侮辱等犯罪行为的,依照本法的有关规定定罪处罚。

收买被拐卖的妇女、儿童,并有第二款、第三款规定的犯罪行为的,依照数罪并罚的规定处罚。

收买被拐卖的妇女、儿童又出卖的,依照本法第二百四十条的规定定罪处罚。

收买被拐卖的妇女、儿童,对被买儿童没有虐待行为,不阻碍对其进行解救的,可以从轻处罚;按照被买妇女的意愿,不阻碍其返回原居住地的,可以从轻或者减轻处罚。①

第二百四十二条 【妨害公务罪】以暴力、威胁方法阻碍国家机关工作人员解救被收买的妇女、儿童的,依照本法第二百七十七条的规定定罪处罚。

【聚众阻碍解救被收买的妇女、儿童罪】聚众阻碍国家机关工作人员解救被收买的妇女、儿童的首要分子,处五年以下有期徒刑或者拘役;其他参与者使用暴力、威胁方法的,依照前款的规定处罚。

第二百四十三条 【诬告陷害罪】捏造事实诬告陷害他人,意图使他人受刑事追究,情节严重的,处三年以下有期徒刑、拘役或者管制;造成严重后果的,处三年以上十年以下有期徒刑。

国家机关工作人员犯前款罪的,从重处罚。

不是有意诬陷,而是错告,或者检举失实的,不适用前两款的规定。

第二百四十四条 【强迫劳动罪】以暴力、威胁或者限制人身自由的方法强迫他人劳动的,处三年以下有期徒刑或者拘役,并处罚金;情节严重的,处三年以上十年以下有期徒刑,并处罚金。

---

① 根据 2015 年 8 月 29 日《中华人民共和国刑法修正案(九)》修改。原第六款条文为:"收买被拐卖的妇女、儿童,按照被买妇女的意愿,不阻碍其返回原居住地的,对被买儿童没有虐待行为,不阻碍对其进行解救的,可以不追究刑事责任。"

明知他人实施前款行为，为其招募、运送人员或者有其他协助强迫他人劳动行为的，依照前款的规定处罚。

单位犯前两款罪的，对单位判处罚金，并对其直接负责的主管人员和其他直接责任人员，依照第一款的规定处罚。①

第二百四十四条之一　【雇用童工从事危重劳动罪】违反劳动管理法规，雇用未满十六周岁的未成年人从事超强度体力劳动的，或者从事高空、井下作业的，或者在爆炸性、易燃性、放射性、毒害性等危险环境下从事劳动，情节严重的，对直接责任人员，处三年以下有期徒刑或者拘役，并处罚金；情节特别严重的，处三年以上七年以下有期徒刑，并处罚金。

有前款行为，造成事故，又构成其他犯罪的，依照数罪并罚的规定处罚。②

第二百四十五条　【非法搜查罪】【非法侵入住宅罪】非法搜查他人身体、住宅，或者非法侵入他人住宅的，处三年以下有期徒刑或者拘役。

司法工作人员滥用职权，犯前款罪的，从重处罚。

第二百四十六条　【侮辱罪】【诽谤罪】以暴力或者其他方法公然侮辱他人或者捏造事实诽谤他人，情节严重的，处三年以下有期徒刑、拘役、管制或者剥夺政治权利。

前款罪，告诉的才处理，但是严重危害社会秩序和国家利益的除外。

通过信息网络实施第一款规定的行为，被害人向人民法院告诉，但提供证据确有困难的，人民法院可以要求公安机关提供协助。③

---

①　根据2011年2月25日《中华人民共和国刑法修正案（八）》修改。原条文为："用人单位违反劳动管理法规，以限制人身自由方法强迫职工劳动，情节严重的，对直接责任人员，处三年以下有期徒刑或者拘役，并处或者单处罚金。"

②　根据2002年12月28日《中华人民共和国刑法修正案（四）》增加。

③　根据2015年8月29日《中华人民共和国刑法修正案（九）》增加一款，作为第三款。

第二百四十七条 【刑讯逼供罪】【暴力取证罪】司法工作人员对犯罪嫌疑人、被告人实行刑讯逼供或者使用暴力逼取证人证言的,处三年以下有期徒刑或者拘役。致人伤残、死亡的,依照本法第二百三十四条、第二百三十二条的规定定罪从重处罚。

第二百四十八条 【虐待被监管人罪】监狱、拘留所、看守所等监管机构的监管人员对被监管人进行殴打或者体罚虐待,情节严重的,处三年以下有期徒刑或者拘役;情节特别严重的,处三年以上十年以下有期徒刑。致人伤残、死亡的,依照本法第二百三十四条、第二百三十二条的规定定罪从重处罚。

监管人员指使被监管人殴打或者体罚虐待其他被监管人的,依照前款的规定处罚。

第二百四十九条 【煽动民族仇恨、民族歧视罪】煽动民族仇恨、民族歧视,情节严重的,处三年以下有期徒刑、拘役、管制或者剥夺政治权利;情节特别严重的,处三年以上十年以下有期徒刑。

第二百五十条 【出版歧视、侮辱少数民族作品罪】在出版物中刊载歧视、侮辱少数民族的内容,情节恶劣,造成严重后果的,对直接责任人员,处三年以下有期徒刑、拘役或者管制。

第二百五十一条 【非法剥夺公民宗教信仰自由罪】【侵犯少数民族风俗习惯罪】国家机关工作人员非法剥夺公民的宗教信仰自由和侵犯少数民族风俗习惯,情节严重的,处二年以下有期徒刑或者拘役。

第二百五十二条 【侵犯通信自由罪】隐匿、毁弃或者非法开拆他人信件,侵犯公民通信自由权利,情节严重的,处一年以下有期徒刑或者拘役。

第二百五十三条 【私自开拆、隐匿、毁弃邮件、电报罪】邮政工作人员私自开拆或者隐匿、毁弃邮件、电报的,处二年以下有期徒刑或者拘役。

犯前款罪而窃取财物的,依照本法第二百六十四条的规定定罪从重处罚。

第二百五十三条之一 【侵犯公民个人信息罪】违反国家有关规定,向他人出售或者提供公民个人信息,情节严重的,处三年以下有期徒刑或者拘役,并处或者单处罚金;情节特别严重的,处三年以上七年以下有期徒刑,并处罚金。

违反国家有关规定,将在履行职责或者提供服务过程中获得的公民个人信息,出售或者提供给他人的,依照前款的规定从重处罚。

窃取或者以其他方法非法获取公民个人信息的,依照第一款的规定处罚。

单位犯前三款罪的,对单位判处罚金,并对其直接负责的主管人员和其他直接责任人员,依照各该款的规定处罚。①

第二百五十四条 【报复陷害罪】国家机关工作人员滥用职权、假公济私,对控告人、申诉人、批评人、举报人实行报复陷害的,处二年以下有期徒刑或者拘役;情节严重的,处二年以上七年以下有期徒刑。

第二百五十五条 【打击报复会计、统计人员罪】公司、企业、事业单位、机关、团体的领导人,对依法履行职责、抵制违反会计法、统计法行为的会计、统计人员实行打击报复,情节恶劣的,处三年以下有期徒刑或者拘役。

第二百五十六条 【破坏选举罪】在选举各级人民代表大会代表和国家机关领导人员时,以暴力、威胁、欺骗、贿赂、伪造选举文件、虚报选举票数等手段破坏选举或者妨害选民和代表自由行使选举权和被选举权,情节严重的,处三年以下有期徒刑、拘役或者

---

① 根据2009年2月28日《中华人民共和国刑法修正案(七)》增加。根据2015年8月29日《中华人民共和国刑法修正案(九)》修改。原条文为:"国家机关或者金融、电信、交通、教育、医疗等单位的工作人员,违反国家规定,将本单位在履行职责或者提供服务过程中获得的公民个人信息,出售或者非法提供给他人,情节严重的,处三年以下有期徒刑或者拘役,并处或者单处罚金。

"窃取或者以其他方法非法获取上述信息,情节严重的,依照前款的规定处罚。

"单位犯前两款罪的,对单位判处罚金,并对其直接负责的主管人员和其他直接责任人员,依照各该款的规定处罚。"

剥夺政治权利。

第二百五十七条 【暴力干涉婚姻自由罪】以暴力干涉他人婚姻自由的，处二年以下有期徒刑或者拘役。

犯前款罪，致使被害人死亡的，处二年以上七年以下有期徒刑。

第一款罪，告诉的才处理。

第二百五十八条 【重婚罪】有配偶而重婚的，或者明知他人有配偶而与之结婚的，处二年以下有期徒刑或者拘役。

第二百五十九条 【破坏军婚罪】明知是现役军人的配偶而与之同居或者结婚的，处三年以下有期徒刑或者拘役。

利用职权、从属关系，以胁迫手段奸淫现役军人的妻子的，依照本法第二百三十六条的规定定罪处罚。

第二百六十条 【虐待罪】虐待家庭成员，情节恶劣的，处二年以下有期徒刑、拘役或者管制。

犯前款罪，致使被害人重伤、死亡的，处二年以上七年以下有期徒刑。

第一款罪，告诉的才处理，但被害人没有能力告诉，或者因受到强制、威吓无法告诉的除外。①

第二百六十条之一 【虐待被监护、看护人罪】对未成年人、老年人、患病的人、残疾人等负有监护、看护职责的人虐待被监护、看护的人，情节恶劣的，处三年以下有期徒刑或者拘役。

单位犯前款罪的，对单位判处罚金，并对其直接负责的主管人员和其他直接责任人员，依照前款的规定处罚。

有第一款行为，同时构成其他犯罪的，依照处罚较重的规定定罪处罚。②

第二百六十一条 【遗弃罪】对于年老、年幼、患病或者其他

---

① 根据2015年8月29日《中华人民共和国刑法修正案（九）》修改。原第三款条文为："第一款罪，告诉的才处理。"
② 根据2015年8月29日《中华人民共和国刑法修正案（九）》增加。

没有独立生活能力的人,负有扶养义务而拒绝扶养,情节恶劣的,处五年以下有期徒刑、拘役或者管制。

第二百六十二条 【拐骗儿童罪】拐骗不满十四周岁的未成年人,脱离家庭或者监护人的,处五年以下有期徒刑或者拘役。

第二百六十二条之一 【组织残疾人、儿童乞讨罪】以暴力、胁迫手段组织残疾人或者不满十四周岁的未成年人乞讨的,处三年以下有期徒刑或者拘役,并处罚金;情节严重的,处三年以上七年以下有期徒刑,并处罚金。①

第二百六十二条之二 【组织未成年人进行违反治安管理活动罪】组织未成年人进行盗窃、诈骗、抢夺、敲诈勒索等违反治安管理活动的,处三年以下有期徒刑或者拘役,并处罚金;情节严重的,处三年以上七年以下有期徒刑,并处罚金。②

第五章 侵犯财产罪

第二百六十三条 【抢劫罪】以暴力、胁迫或者其他方法抢劫公私财物的,处三年以上十年以下有期徒刑,并处罚金;有下列情形之一的,处十年以上有期徒刑、无期徒刑或者死刑,并处罚金或者没收财产:

(一)入户抢劫的;
(二)在公共交通工具上抢劫的;
(三)抢劫银行或者其他金融机构的;
(四)多次抢劫或者抢劫数额巨大的;
(五)抢劫致人重伤、死亡的;
(六)冒充军警人员抢劫的;
(七)持枪抢劫的;

---

① 根据2006年6月29日《中华人民共和国刑法修正案(六)》增加。
② 根据2009年2月28日《中华人民共和国刑法修正案(七)》增加。

（八）抢劫军用物资或者抢险、救灾、救济物资的。

第二百六十四条 【盗窃罪】盗窃公私财物，数额较大的，或者多次盗窃、入户盗窃、携带凶器盗窃、扒窃的，处三年以下有期徒刑、拘役或者管制，并处或者单处罚金；数额巨大或者有其他严重情节的，处三年以上十年以下有期徒刑，并处罚金；数额特别巨大或者有其他特别严重情节的，处十年以上有期徒刑或者无期徒刑，并处罚金或者没收财产。[①]

第二百六十五条 【盗窃罪】以牟利为目的，盗接他人通信线路、复制他人电信码号或者明知是盗接、复制的电信设备、设施而使用的，依照本法第二百六十四条的规定定罪处罚。

第二百六十六条 【诈骗罪】诈骗公私财物，数额较大的，处三年以下有期徒刑、拘役或者管制，并处或者单处罚金；数额巨大或者有其他严重情节的，处三年以上十年以下有期徒刑，并处罚金；数额特别巨大或者有其他特别严重情节的，处十年以上有期徒刑或者无期徒刑，并处罚金或者没收财产。本法另有规定的，依照规定。

第二百六十七条 【抢夺罪】抢夺公私财物，数额较大的，或者多次抢夺的，处三年以下有期徒刑、拘役或者管制，并处或者单处罚金；数额巨大或者有其他严重情节的，处三年以上十年以下有期徒刑，并处罚金；数额特别巨大或者有其他特别严重情节的，处十

[①] 根据2011年2月25日《中华人民共和国刑法修正案（八）》修改。原条文为："盗窃公私财物，数额较大或者多次盗窃的，处三年以下有期徒刑、拘役或者管制，并处或者单处罚金；数额巨大或者有其他严重情节的，处三年以上十年以下有期徒刑，并处罚金；数额特别巨大或者有其他特别严重情节的，处十年以上有期徒刑或者无期徒刑，并处罚金或者没收财产；有下列情形之一的，处无期徒刑或者死刑，并处没收财产：

"（一）盗窃金融机构，数额特别巨大的；

"（二）盗窃珍贵文物，情节严重的。"

年以上有期徒刑或者无期徒刑，并处罚金或者没收财产。①

携带凶器抢夺的，依照本法第二百六十三条的规定定罪处罚。

第二百六十八条 【聚众哄抢罪】聚众哄抢公私财物，数额较大或者有其他严重情节的，对首要分子和积极参加的，处三年以下有期徒刑、拘役或者管制，并处罚金；数额巨大或者有其他特别严重情节的，处三年以上十年以下有期徒刑，并处罚金。

第二百六十九条 【转化的抢劫罪】犯盗窃、诈骗、抢夺罪，为窝藏赃物、抗拒抓捕或者毁灭罪证而当场使用暴力或者以暴力相威胁的，依照本法第二百六十三条的规定定罪处罚。

第二百七十条 【侵占罪】将代为保管的他人财物非法占为己有，数额较大，拒不退还的，处二年以下有期徒刑、拘役或者罚金；数额巨大或者有其他严重情节的，处二年以上五年以下有期徒刑，并处罚金。

将他人的遗忘物或者埋藏物非法占为己有，数额较大，拒不交出的，依照前款的规定处罚。

本条罪，告诉的才处理。

第二百七十一条 【职务侵占罪】公司、企业或者其他单位的工作人员，利用职务上的便利，将本单位财物非法占为己有，数额较大的，处三年以下有期徒刑或者拘役，并处罚金；数额巨大的，处三年以上十年以下有期徒刑，并处罚金；数额特别巨大的，处十年以上有期徒刑或者无期徒刑，并处罚金。②

---

① 根据2015年8月29日《中华人民共和国刑法修正案（九）》修改。原第一款条文为："抢夺公私财物，数额较大的，处三年以下有期徒刑、拘役或者管制，并处或者单处罚金；数额巨大或者有其他严重情节的，处三年以上十年以下有期徒刑，并处罚金；数额特别巨大或者有其他特别严重情节的，处十年以上有期徒刑或者无期徒刑，并处罚金或者没收财产。"

② 根据2020年12月26日《中华人民共和国刑法修正案（十一）》修改。原第一款条文为："公司、企业或者其他单位的人员，利用职务上的便利，将本单位财物非法占为己有，数额较大的，处五年以下有期徒刑或者拘役；数额巨大的，处五年以上有期徒刑，可以并处没收财产。"

国有公司、企业或者其他国有单位中从事公务的人员和国有公司、企业或者其他国有单位委派到非国有公司、企业以及其他单位从事公务的人员有前款行为的，依照本法第三百八十二条、第三百八十三条的规定定罪处罚。

第二百七十二条 【挪用资金罪】公司、企业或者其他单位的工作人员，利用职务上的便利，挪用本单位资金归个人使用或者借贷给他人，数额较大、超过三个月未还的，或者虽未超过三个月，但数额较大、进行营利活动的，或者进行非法活动的，处三年以下有期徒刑或者拘役；挪用本单位资金数额巨大的，处三年以上七年以下有期徒刑；数额特别巨大的，处七年以上有期徒刑。

国有公司、企业或者其他国有单位中从事公务的人员和国有公司、企业或者其他国有单位委派到非国有公司、企业以及其他单位从事公务的人员有前款行为的，依照本法第三百八十四条的规定定罪处罚。

有第一款行为，在提起公诉前将挪用的资金退还的，可以从轻或者减轻处罚。其中，犯罪较轻的，可以减轻或者免除处罚。①

第二百七十三条 【挪用特定款物罪】挪用用于救灾、抢险、防汛、优抚、扶贫、移民、救济款物，情节严重，致使国家和人民群众利益遭受重大损害的，对直接责任人员，处三年以下有期徒刑或者拘役；情节特别严重的，处三年以上七年以下有期徒刑。

第二百七十四条 【敲诈勒索罪】敲诈勒索公私财物，数额较

---

① 根据2020年12月26日《中华人民共和国刑法修正案（十一）》修改。原条文为："公司、企业或者其他单位的工作人员，利用职务上的便利，挪用本单位资金归个人使用或者借贷给他人，数额较大、超过三个月未还的，或者虽未超过三个月，但数额较大、进行营利活动的，或者进行非法活动的，处三年以下有期徒刑或者拘役；挪用本单位资金数额巨大的，或者数额较大不退还的，处三年以上十年以下有期徒刑。

"国有公司、企业或者其他国有单位中从事公务的人员和国有公司、企业或者其他国有单位委派到非国有公司、企业以及其他单位从事公务的人员有前款行为的，依照本法第三百八十四条的规定定罪处罚。"

大或者多次敲诈勒索的，处三年以下有期徒刑、拘役或者管制，并处或者单处罚金；数额巨大或者有其他严重情节的，处三年以上十年以下有期徒刑，并处罚金；数额特别巨大或者有其他特别严重情节的，处十年以上有期徒刑，并处罚金。①

第二百七十五条 【故意毁坏财物罪】故意毁坏公私财物，数额较大或者有其他严重情节的，处三年以下有期徒刑、拘役或者罚金；数额巨大或者有其他特别严重情节的，处三年以上七年以下有期徒刑。

第二百七十六条 【破坏生产经营罪】由于泄愤报复或者其他个人目的，毁坏机器设备、残害耕畜或者以其他方法破坏生产经营的，处三年以下有期徒刑、拘役或者管制；情节严重的，处三年以上七年以下有期徒刑。

第二百七十六条之一 【拒不支付劳动报酬罪】以转移财产、逃匿等方法逃避支付劳动者的劳动报酬或者有能力支付而不支付劳动者的劳动报酬，数额较大，经政府有关部门责令支付仍不支付的，处三年以下有期徒刑或者拘役，并处或者单处罚金；造成严重后果的，处三年以上七年以下有期徒刑，并处罚金。

单位犯前款罪的，对单位判处罚金，并对其直接负责的主管人员和其他直接责任人员，依照前款的规定处罚。

有前两款行为，尚未造成严重后果，在提起公诉前支付劳动者的劳动报酬，并依法承担相应赔偿责任的，可以减轻或者免除处罚。②

……

第二百九十四条 【组织、领导、参加黑社会性质组织罪】组织、领导黑社会性质的组织的，处七年以上有期徒刑，并处没收财

---

① 根据 2011 年 2 月 25 日《中华人民共和国刑法修正案（八）》修改。原条文为："敲诈勒索公私财物，数额较大的，处三年以下有期徒刑、拘役或者管制；数额巨大或者有其他严重情节的，处三年以上十年以下有期徒刑。"

② 根据 2011 年 2 月 25 日《中华人民共和国刑法修正案（八）》增加。

产；积极参加的，处三年以上七年以下有期徒刑，可以并处罚金或者没收财产；其他参加的，处三年以下有期徒刑、拘役、管制或者剥夺政治权利，可以并处罚金。

【入境发展黑社会组织罪】境外的黑社会组织的人员到中华人民共和国境内发展组织成员的，处三年以上十年以下有期徒刑。

【包庇、纵容黑社会性质组织罪】国家机关工作人员包庇黑社会性质的组织，或者纵容黑社会性质的组织进行违法犯罪活动的，处五年以下有期徒刑；情节严重的，处五年以上有期徒刑。

犯前三款罪又有其他犯罪行为的，依照数罪并罚的规定处罚。

黑社会性质的组织应当同时具备以下特征：

（一）形成较稳定的犯罪组织，人数较多，有明确的组织者、领导者，骨干成员基本固定；

（二）有组织地通过违法犯罪活动或者其他手段获取经济利益，具有一定的经济实力，以支持该组织的活动；

（三）以暴力、威胁或者其他手段，有组织地多次进行违法犯罪活动，为非作恶，欺压、残害群众；

（四）通过实施违法犯罪活动，或者利用国家工作人员的包庇或者纵容，称霸一方，在一定区域或者行业内，形成非法控制或者重大影响，严重破坏经济、社会生活秩序。[①]

[①] 根据2011年2月25日《中华人民共和国刑法修正案（八）》修改。原条文为："组织、领导和积极参加以暴力、威胁或者其他手段，有组织地进行违法犯罪活动，称霸一方，为非作恶，欺压、残害群众，严重破坏经济、社会生活秩序的黑社会性质的组织的，处三年以上十年以下有期徒刑；其他参加的，处三年以下有期徒刑、拘役、管制或者剥夺政治权利。

"境外的黑社会组织的人员到中华人民共和国境内发展组织成员的，处三年以上十年以下有期徒刑。

"犯前两款罪又有其他犯罪行为的，依照数罪并罚的规定处罚。

"国家机关工作人员包庇黑社会性质的组织，或者纵容黑社会性质的组织进行违法犯罪活动的，处三年以下有期徒刑、拘役或者剥夺政治权利；情节严重的，处三年以上十年以下有期徒刑。"

……

第三百八十二条 【贪污罪】国家工作人员利用职务上的便利，侵吞、窃取、骗取或者以其他手段非法占有公共财物的，是贪污罪。

受国家机关、国有公司、企业、事业单位、人民团体委托管理、经营国有财产的人员，利用职务上的便利，侵吞、窃取、骗取或者以其他手段非法占有国有财物的，以贪污论。

与前两款所列人员勾结，伙同贪污的，以共犯论处。

……

全国人民代表大会常务委员会关于《中华人民共和国刑法》第二百九十四条第一款的解释

（2002年4月28日第九届全国人民代表大会常务委员会第二十七次会议通过）

全国人民代表大会常务委员会讨论了刑法第二百九十四条第一款规定的"黑社会性质的组织"的含义问题，解释如下：

刑法第二百九十四条第一款规定的"黑社会性质的组织"应当同时具备以下特征：

（一）形成较稳定的犯罪组织，人数较多，有明确的组织者、领导者，骨干成员基本固定；

（二）有组织地通过违法犯罪活动或者其他手段获取经济利益，具有一定的经济实力，以支持该组织的活动；

（三）以暴力、威胁或者其他手段，有组织地多次进行违法犯罪活动，为非作恶，欺压、残害群众；

（四）通过实施违法犯罪活动，或者利用国家工作人员的包庇或者纵容，称霸一方，在一定区域或者行业内，形成非法控制或者重大影响，严重破坏经济、社会生活秩序。

现予公告。

中华人民共和国刑事诉讼法（节录）

（1979年7月1日第五届全国人民代表大会第二次会议通过　根据1996年3月17日第八届全国人民代表大会第四次会议《关于修改〈中华人民共和国刑事诉讼法〉的决定》第一次修正　根据2012年3月14日第十一届全国人民代表大会第五次会议《关于修改〈中华人民共和国刑事诉讼法〉的决定》第二次修正　根据2018年10月26日第十三届全国人民代表大会常务委员会第六次会议《关于修改〈中华人民共和国刑事诉讼法〉的决定》第三次修正）

第一编　总　　则

第一章　任务和基本原则

第一条　【立法宗旨】为了保证刑法的正确实施，惩罚犯罪，保护人民，保障国家安全和社会公共安全，维护社会主义社会秩序，根据宪法，制定本法。

第二条　【本法任务】中华人民共和国刑事诉讼法的任务，是保证准确、及时地查明犯罪事实，正确应用法律，惩罚犯罪分子，保障无罪的人不受刑事追究，教育公民自觉遵守法律，积极同犯罪行为作斗争，维护社会主义法制，尊重和保障人权，保护公民的人身权利、财产权利、民主权利和其他权利，保障社会主义建设事业的顺利进行。

第三条 【刑事诉讼专门机关的职权】【严格遵守法律程序原则】对刑事案件的侦查、拘留、执行逮捕、预审，由公安机关负责。检察、批准逮捕、检察机关直接受理的案件的侦查、提起公诉，由人民检察院负责。审判由人民法院负责。除法律特别规定的以外，其他任何机关、团体和个人都无权行使这些权力。

人民法院、人民检察院和公安机关进行刑事诉讼，必须严格遵守本法和其他法律的有关规定。

第四条 【国家安全机关职权】国家安全机关依照法律规定，办理危害国家安全的刑事案件，行使与公安机关相同的职权。

第五条 【独立行使审判权、检察权】人民法院依照法律规定独立行使审判权，人民检察院依照法律规定独立行使检察权，不受行政机关、社会团体和个人的干涉。

第六条 【以事实为依据、以法律为准绳原则】【平等适用法律原则】人民法院、人民检察院和公安机关进行刑事诉讼，必须依靠群众，必须以事实为根据，以法律为准绳。对于一切公民，在适用法律上一律平等，在法律面前，不允许有任何特权。

第七条 【分工负责、互相配合、互相监督原则】人民法院、人民检察院和公安机关进行刑事诉讼，应当分工负责，互相配合，互相制约，以保证准确有效地执行法律。

第八条 【检察院法律监督原则】人民检察院依法对刑事诉讼实行法律监督。

第九条 【使用本民族语言文字原则】各民族公民都有用本民族语言文字进行诉讼的权利。人民法院、人民检察院和公安机关对于不通晓当地通用的语言文字的诉讼参与人，应当为他们翻译。

在少数民族聚居或者多民族杂居的地区，应当用当地通用的语言进行审讯，用当地通用的文字发布判决书、布告和其他文件。

第十条 【两审终审制】人民法院审判案件，实行两审终审制。

第十一条 【审判公开原则】【辩护原则】人民法院审判案件，除本法另有规定的以外，一律公开进行。被告人有权获得辩护，人民法院有义务保证被告人获得辩护。

第十二条 【未经法院判决不得确定有罪原则】未经人民法院依法判决,对任何人都不得确定有罪。

第十三条 【人民陪审制度】人民法院审判案件,依照本法实行人民陪审员陪审的制度。

第十四条 【诉讼权利的保障与救济】人民法院、人民检察院和公安机关应当保障犯罪嫌疑人、被告人和其他诉讼参与人依法享有的辩护权和其他诉讼权利。

诉讼参与人对于审判人员、检察人员和侦查人员侵犯公民诉讼权利和人身侮辱的行为,有权提出控告。

第十五条 【认罪认罚从宽原则】犯罪嫌疑人、被告人自愿如实供述自己的罪行,承认指控的犯罪事实,愿意接受处罚的,可以依法从宽处理。

第十六条 【不追究刑事责任的法定情形】有下列情形之一的,不追究刑事责任,已经追究的,应当撤销案件,或者不起诉,或者终止审理,或者宣告无罪:

(一)情节显著轻微、危害不大,不认为是犯罪的;
(二)犯罪已过追诉时效期限的;
(三)经特赦令免除刑罚的;
(四)依照刑法告诉才处理的犯罪,没有告诉或者撤回告诉的;
(五)犯罪嫌疑人、被告人死亡的;
(六)其他法律规定免予追究刑事责任的。

第十七条 【外国人刑事责任的追究】对于外国人犯罪应当追究刑事责任的,适用本法的规定。

对于享有外交特权和豁免权的外国人犯罪应当追究刑事责任的,通过外交途径解决。

第十八条 【刑事司法协助】根据中华人民共和国缔结或者参加的国际条约,或者按照互惠原则,我国司法机关和外国司法机关可以相互请求刑事司法协助。

第二章 管　辖

第十九条 【立案管辖】刑事案件的侦查由公安机关进行，法律另有规定的除外。

人民检察院在对诉讼活动实行法律监督中发现的司法工作人员利用职权实施的非法拘禁、刑讯逼供、非法搜查等侵犯公民权利、损害司法公正的犯罪，可以由人民检察院立案侦查。对于公安机关管辖的国家机关工作人员利用职权实施的重大犯罪案件，需要由人民检察院直接受理的时候，经省级以上人民检察院决定，可以由人民检察院立案侦查。

自诉案件，由人民法院直接受理。

第二十条 【基层法院管辖】基层人民法院管辖第一审普通刑事案件，但是依照本法由上级人民法院管辖的除外。

第二十一条 【中级法院管辖】中级人民法院管辖下列第一审刑事案件：

（一）危害国家安全、恐怖活动案件；

（二）可能判处无期徒刑、死刑的案件。

第二十二条 【高级法院管辖】高级人民法院管辖的第一审刑事案件，是全省（自治区、直辖市）性的重大刑事案件。

第二十三条 【最高法院管辖】最高人民法院管辖的第一审刑事案件，是全国性的重大刑事案件。

第二十四条 【级别管辖变通】上级人民法院在必要的时候，可以审判下级人民法院管辖的第一审刑事案件；下级人民法院认为案情重大、复杂需要由上级人民法院审判的第一审刑事案件，可以请求移送上一级人民法院审判。

第二十五条 【地区管辖】刑事案件由犯罪地的人民法院管辖。如果由被告人居住地的人民法院审判更为适宜的，可以由被告人居住地的人民法院管辖。

第二十六条 【优先管辖】【移送管辖】几个同级人民法院都有权管辖的案件，由最初受理的人民法院审判。在必要的时候，可以移送主要犯罪地的人民法院审判。

第二十七条 【指定管辖】上级人民法院可以指定下级人民法院审判管辖不明的案件，也可以指定下级人民法院将案件移送其他人民法院审判。

第二十八条 【专门管辖】专门人民法院案件的管辖另行规定。

第三章 回 避

第二十九条 【回避的法定情形】审判人员、检察人员、侦查人员有下列情形之一的，应当自行回避，当事人及其法定代理人也有权要求他们回避：

（一）是本案的当事人或是当事人的近亲属的；
（二）本人或者他的近亲属和本案有利害关系的；
（三）担任过本案的证人、鉴定人、辩护人、诉讼代理人的；
（四）与本案当事人有其他关系，可能影响公正处理案件的。

第三十条 【办案人员违反禁止行为的回避】审判人员、检察人员、侦查人员不得接受当事人及其委托的人的请客送礼，不得违反规定会见当事人及其委托的人。

审判人员、检察人员、侦查人员违反前款规定的，应当依法追究法律责任。当事人及其法定代理人有权要求他们回避。

第三十一条 【决定回避的程序】审判人员、检察人员、侦查人员的回避，应当分别由院长、检察长、公安机关负责人决定；院长的回避，由本院审判委员会决定；检察长和公安机关负责人的回避，由同级人民检察院检察委员会决定。

对侦查人员的回避作出决定前，侦查人员不能停止对案件的侦查。

对驳回申请回避的决定，当事人及其法定代理人可以申请复议一次。

第三十二条 【回避制度的准用规定】本章关于回避的规定适用于书记员、翻译人员和鉴定人。

辩护人、诉讼代理人可以依照本章的规定要求回避、申请复议。

第四章 辩护与代理

第三十三条 【自行辩护与委托辩护】【辩护人的范围】犯罪嫌疑人、被告人除自己行使辩护权以外，还可以委托一至二人作为辩护人。下列的人可以被委托为辩护人：

（一）律师；

（二）人民团体或者犯罪嫌疑人、被告人所在单位推荐的人；

（三）犯罪嫌疑人、被告人的监护人、亲友。

正在被执行刑罚或者依法被剥夺、限制人身自由的人，不得担任辩护人。

被开除公职和被吊销律师、公证员执业证书的人，不得担任辩护人，但系犯罪嫌疑人、被告人的监护人、近亲属的除外。

第三十四条 【委托辩护的时间及辩护告知】犯罪嫌疑人自被侦查机关第一次讯问或者采取强制措施之日起，有权委托辩护人；在侦查期间，只能委托律师作为辩护人。被告人有权随时委托辩护人。

侦查机关在第一次讯问犯罪嫌疑人或者对犯罪嫌疑人采取强制措施的时候，应当告知犯罪嫌疑人有权委托辩护人。人民检察院自收到移送审查起诉的案件材料之日起三日以内，应当告知犯罪嫌疑人有权委托辩护人。人民法院自受理案件之日起三日以内，应当告知被告人有权委托辩护人。犯罪嫌疑人、被告人在押期间要求委托辩护人的，人民法院、人民检察院和公安机关应当及时转达其要求。

犯罪嫌疑人、被告人在押的，也可以由其监护人、近亲属代为委托辩护人。

辩护人接受犯罪嫌疑人、被告人委托后，应当及时告知办理案件的机关。

第三十五条　【法律援助机构指派辩护】犯罪嫌疑人、被告人因经济困难或者其他原因没有委托辩护人的，本人及其近亲属可以向法律援助机构提出申请。对符合法律援助条件的，法律援助机构应当指派律师为其提供辩护。

犯罪嫌疑人、被告人是盲、聋、哑人，或者是尚未完全丧失辨认或者控制自己行为能力的精神病人，没有委托辩护人的，人民法院、人民检察院和公安机关应当通知法律援助机构指派律师为其提供辩护。

犯罪嫌疑人、被告人可能被判处无期徒刑、死刑，没有委托辩护人的，人民法院、人民检察院和公安机关应当通知法律援助机构指派律师为其提供辩护。

第三十六条　【值班律师】法律援助机构可以在人民法院、看守所等场所派驻值班律师。犯罪嫌疑人、被告人没有委托辩护人，法律援助机构没有指派律师为其提供辩护的，由值班律师为犯罪嫌疑人、被告人提供法律咨询、程序选择建议、申请变更强制措施、对案件处理提出意见等法律帮助。

人民法院、人民检察院、看守所应当告知犯罪嫌疑人、被告人有权约见值班律师，并为犯罪嫌疑人、被告人约见值班律师提供便利。

第三十七条　【辩护人的责任】辩护人的责任是根据事实和法律，提出犯罪嫌疑人、被告人无罪、罪轻或者减轻、免除其刑事责任的材料和意见，维护犯罪嫌疑人、被告人的诉讼权利和其他合法权益。

第三十八条　【侦查期间的辩护】辩护律师在侦查期间可以为

犯罪嫌疑人提供法律帮助；代理申诉、控告；申请变更强制措施；向侦查机关了解犯罪嫌疑人涉嫌的罪名和案件有关情况，提出意见。

第三十九条　【辩护人会见、通信】辩护律师可以同在押的犯罪嫌疑人、被告人会见和通信。其他辩护人经人民法院、人民检察院许可，也可以同在押的犯罪嫌疑人、被告人会见和通信。

辩护律师持律师执业证书、律师事务所证明和委托书或者法律援助公函要求会见在押的犯罪嫌疑人、被告人的，看守所应当及时安排会见，至迟不得超过四十八小时。

危害国家安全犯罪、恐怖活动犯罪案件，在侦查期间辩护律师会见在押的犯罪嫌疑人，应当经侦查机关许可。上述案件，侦查机关应当事先通知看守所。

辩护律师会见在押的犯罪嫌疑人、被告人，可以了解案件有关情况，提供法律咨询等；自案件移送审查起诉之日起，可以向犯罪嫌疑人、被告人核实有关证据。辩护律师会见犯罪嫌疑人、被告人时不被监听。

辩护律师同被监视居住的犯罪嫌疑人、被告人会见、通信，适用第一款、第三款、第四款的规定。

第四十条　【辩护人查阅、摘抄、复制卷宗材料】辩护律师自人民检察院对案件审查起诉之日起，可以查阅、摘抄、复制本案的案卷材料。其他辩护人经人民法院、人民检察院许可，也可以查阅、摘抄、复制上述材料。

第四十一条　【辩护人向办案机关申请调取证据】辩护人认为在侦查、审查起诉期间公安机关、人民检察院收集的证明犯罪嫌疑人、被告人无罪或者罪轻的证据材料未提交的，有权申请人民检察院、人民法院调取。

第四十二条　【辩护人向办案机关告知证据】辩护人收集的有关犯罪嫌疑人不在犯罪现场、未达到刑事责任年龄、属于依法不负刑事责任的精神病人的证据，应当及时告知公安机关、人民检察院。

第四十三条 【辩护律师收集材料】【辩护律师申请取证及证人出庭】辩护律师经证人或者其他有关单位和个人同意，可以向他们收集与本案有关的材料，也可以申请人民检察院、人民法院收集、调取证据，或者申请人民法院通知证人出庭作证。

辩护律师经人民检察院或者人民法院许可，并且经被害人或者其近亲属、被害人提供的证人同意，可以向他们收集与本案有关的材料。

第四十四条 【辩护人行为禁止及法律责任】辩护人或者其他任何人，不得帮助犯罪嫌疑人、被告人隐匿、毁灭、伪造证据或者串供，不得威胁、引诱证人作伪证以及进行其他干扰司法机关诉讼活动的行为。

违反前款规定的，应当依法追究法律责任，辩护人涉嫌犯罪的，应当由办理辩护人所承办案件的侦查机关以外的侦查机关办理。辩护人是律师的，应当及时通知其所在的律师事务所或者所属的律师协会。

第四十五条 【被告人拒绝辩护】在审判过程中，被告人可以拒绝辩护人继续为他辩护，也可以另行委托辩护人辩护。

第四十六条 【诉讼代理】公诉案件的被害人及其法定代理人或者近亲属，附带民事诉讼的当事人及其法定代理人，自案件移送审查起诉之日起，有权委托诉讼代理人。自诉案件的自诉人及其法定代理人，附带民事诉讼的当事人及其法定代理人，有权随时委托诉讼代理人。

人民检察院自收到移送审查起诉的案件材料之日起三日以内，应当告知被害人及其法定代理人或者其近亲属、附带民事诉讼的当事人及其法定代理人有权委托诉讼代理人。人民法院自受理自诉案件之日起三日以内，应当告知自诉人及其法定代理人、附带民事诉讼的当事人及其法定代理人有权委托诉讼代理人。

第四十七条 【委托诉讼代理人】委托诉讼代理人，参照本法第三十三条的规定执行。

第四十八条 【辩护律师执业保密及例外】辩护律师对在执业活动中知悉的委托人的有关情况和信息,有权予以保密。但是,辩护律师在执业活动中知悉委托人或者其他人,准备或者正在实施危害国家安全、公共安全以及严重危害他人人身安全的犯罪的,应当及时告知司法机关。

第四十九条 【妨碍辩护人、诉讼代理人行使诉讼权利的救济】辩护人、诉讼代理人认为公安机关、人民检察院、人民法院及其工作人员阻碍其依法行使诉讼权利的,有权向同级或者上一级人民检察院申诉或者控告。人民检察院对申诉或者控告应当及时进行审查,情况属实的,通知有关机关予以纠正。

第五章 证 据

第五十条 【证据的含义及法定种类】可以用于证明案件事实的材料,都是证据。

证据包括:

(一) 物证;

(二) 书证;

(三) 证人证言;

(四) 被害人陈述;

(五) 犯罪嫌疑人、被告人供述和辩解;

(六) 鉴定意见;

(七) 勘验、检查、辨认、侦查实验等笔录;

(八) 视听资料、电子数据。

证据必须经过查证属实,才能作为定案的根据。

第五十一条 【举证责任】公诉案件中被告人有罪的举证责任由人民检察院承担,自诉案件中被告人有罪的举证责任由自诉人承担。

第五十二条 【依法收集证据】【不得强迫任何人自证其罪】审判人员、检察人员、侦查人员必须依照法定程序，收集能够证实犯罪嫌疑人、被告人有罪或者无罪、犯罪情节轻重的各种证据。严禁刑讯逼供和以威胁、引诱、欺骗以及其他非法方法收集证据，不得强迫任何人证实自己有罪。必须保证一切与案件有关或者了解案情的公民，有客观地充分地提供证据的条件，除特殊情况外，可以吸收他们协助调查。

第五十三条 【办案机关法律文书的证据要求】公安机关提请批准逮捕书、人民检察院起诉书、人民法院判决书，必须忠实于事实真象。故意隐瞒事实真象的，应当追究责任。

第五十四条 【向单位和个人收集、调取证据】【行政执法办案证据的使用】【证据保密】【伪造、隐匿、毁灭证据的责任】人民法院、人民检察院和公安机关有权向有关单位和个人收集、调取证据。有关单位和个人应当如实提供证据。

行政机关在行政执法和查办案件过程中收集的物证、书证、视听资料、电子数据等证据材料，在刑事诉讼中可以作为证据使用。

对涉及国家秘密、商业秘密、个人隐私的证据，应当保密。

凡是伪造证据、隐匿证据或者毁灭证据的，无论属于何方，必须受法律追究。

第五十五条 【重证据、不轻信口供】【证据确实、充分的法定条件】对一切案件的判处都要重证据，重调查研究，不轻信口供。只有被告人供述，没有其他证据的，不能认定被告人有罪和处以刑罚；没有被告人供述，证据确实、充分的，可以认定被告人有罪和处以刑罚。

证据确实、充分，应当符合以下条件：

（一）定罪量刑的事实都有证据证明；

（二）据以定案的证据均经法定程序查证属实；

（三）综合全案证据，对所认定事实已排除合理怀疑。

第五十六条 【非法证据排除】采用刑讯逼供等非法方法收集

的犯罪嫌疑人、被告人供述和采用暴力、威胁等非法方法收集的证人证言、被害人陈述，应当予以排除。收集物证、书证不符合法定程序，可能严重影响司法公正的，应当予以补正或者作出合理解释；不能补正或者作出合理解释的，对该证据应当予以排除。

在侦查、审查起诉、审判时发现有应当排除的证据的，应当依法予以排除，不得作为起诉意见、起诉决定和判决的依据。

第五十七条　【检察院对非法收集证据的法律监督】人民检察院接到报案、控告、举报或者发现侦查人员以非法方法收集证据的，应当进行调查核实。对于确有以非法方法收集证据情形的，应当提出纠正意见；构成犯罪的，依法追究刑事责任。

第五十八条　【对证据收集合法性的法庭调查】【申请排除非法证据】法庭审理过程中，审判人员认为可能存在本法第五十六条规定的以非法方法收集证据情形的，应当对证据收集的合法性进行法庭调查。

当事人及其辩护人、诉讼代理人有权申请人民法院对以非法方法收集的证据依法予以排除。申请排除以非法方法收集的证据的，应当提供相关线索或者材料。

第五十九条　【对证据收集合法性的证明】在对证据收集的合法性进行法庭调查的过程中，人民检察院应当对证据收集的合法性加以证明。

现有证据材料不能证明证据收集的合法性的，人民检察院可以提请人民法院通知有关侦查人员或者其他人员出庭说明情况；人民法院可以通知有关侦查人员或者其他人员出庭说明情况。有关侦查人员或者其他人员也可以要求出庭说明情况。经人民法院通知，有关人员应当出庭。

第六十条　【庭审排除非法证据】对于经过法庭审理，确认或者不能排除存在本法第五十六条规定的以非法方法收集证据情形的，对有关证据应当予以排除。

第六十一条　【证人证言的质证与查实】【有意作伪证或隐匿罪

证的责任】证人证言必须在法庭上经过公诉人、被害人和被告人、辩护人双方质证并且查实以后，才能作为定案的根据。法庭查明证人有意作伪证或者隐匿罪证的时候，应当依法处理。

第六十二条 【证人的范围和作证义务】凡是知道案件情况的人，都有作证的义务。

生理上、精神上有缺陷或者年幼，不能辨别是非、不能正确表达的人，不能作证人。

第六十三条 【证人及其近亲属的安全保障】人民法院、人民检察院和公安机关应当保障证人及其近亲属的安全。

对证人及其近亲属进行威胁、侮辱、殴打或者打击报复，构成犯罪的，依法追究刑事责任；尚不够刑事处罚的，依法给予治安管理处罚。

第六十四条 【对特定犯罪中有关诉讼参与人及其近亲属人身安全的保护措施】对于危害国家安全犯罪、恐怖活动犯罪、黑社会性质的组织犯罪、毒品犯罪等案件，证人、鉴定人、被害人因在诉讼中作证，本人或者其近亲属的人身安全面临危险的，人民法院、人民检察院和公安机关应当采取以下一项或者多项保护措施：

（一）不公开真实姓名、住址和工作单位等个人信息；
（二）采取不暴露外貌、真实声音等出庭作证措施；
（三）禁止特定的人员接触证人、鉴定人、被害人及其近亲属；
（四）对人身和住宅采取专门性保护措施；
（五）其他必要的保护措施。

证人、鉴定人、被害人认为因在诉讼中作证，本人或者其近亲属的人身安全面临危险的，可以向人民法院、人民检察院、公安机关请求予以保护。

人民法院、人民检察院、公安机关依法采取保护措施，有关单位和个人应当配合。

第六十五条 【证人作证补助与保障】证人因履行作证义务而支出的交通、住宿、就餐等费用，应当给予补助。证人作证的补助列入司法机关业务经费，由同级政府财政予以保障。

有工作单位的证人作证，所在单位不得克扣或者变相克扣其工资、奖金及其他福利待遇。

第六章 强制措施

第六十六条 【拘传、取保候审或者监视居住】人民法院、人民检察院和公安机关根据案件情况，对犯罪嫌疑人、被告人可以拘传、取保候审或者监视居住。

第六十七条 【取保候审的法定情形与执行】人民法院、人民检察院和公安机关对有下列情形之一的犯罪嫌疑人、被告人，可以取保候审：

（一）可能判处管制、拘役或者独立适用附加刑的；

（二）可能判处有期徒刑以上刑罚，采取取保候审不致发生社会危险性的；

（三）患有严重疾病、生活不能自理，怀孕或者正在哺乳自己婴儿的妇女，采取取保候审不致发生社会危险性的；

（四）羁押期限届满，案件尚未办结，需要采取取保候审的。

取保候审由公安机关执行。

第六十八条 【取保候审的方式】人民法院、人民检察院和公安机关决定对犯罪嫌疑人、被告人取保候审，应当责令犯罪嫌疑人、被告人提出保证人或者交纳保证金。

第六十九条 【保证人的法定条件】保证人必须符合下列条件：

（一）与本案无牵连；

（二）有能力履行保证义务；

（三）享有政治权利，人身自由未受到限制；

（四）有固定的住处和收入。

第七十条 【保证人的法定义务】保证人应当履行以下义务：

（一）监督被保证人遵守本法第七十一条的规定；

（二）发现被保证人可能发生或者已经发生违反本法第七十一条规定的行为的，应当及时向执行机关报告。

被保证人有违反本法第七十一条规定的行为，保证人未履行保证义务的，对保证人处以罚款，构成犯罪的，依法追究刑事责任。

第七十一条 【被取保候审人应遵守的一般规定和特别规定】【对被取保候审人违反规定的处理】被取保候审的犯罪嫌疑人、被告人应当遵守以下规定：

（一）未经执行机关批准不得离开所居住的市、县；

（二）住址、工作单位和联系方式发生变动的，在二十四小时以内向执行机关报告；

（三）在传讯的时候及时到案；

（四）不得以任何形式干扰证人作证；

（五）不得毁灭、伪造证据或者串供。

人民法院、人民检察院和公安机关可以根据案件情况，责令被取保候审的犯罪嫌疑人、被告人遵守以下一项或者多项规定：

（一）不得进入特定的场所；

（二）不得与特定的人员会见或者通信；

（三）不得从事特定的活动；

（四）将护照等出入境证件、驾驶证件交执行机关保存。

被取保候审的犯罪嫌疑人、被告人违反前两款规定，已交纳保证金的，没收部分或者全部保证金，并且区别情形，责令犯罪嫌疑人、被告人具结悔过，重新交纳保证金、提出保证人，或者监视居住、予以逮捕。

对违反取保候审规定，需要予以逮捕的，可以对犯罪嫌疑人、被告人先行拘留。

第七十二条 【保证金数额的确定与执行】取保候审的决定机关应当综合考虑保证诉讼活动正常进行的需要，被取保候审人的社会危险性，案件的性质、情节，可能判处刑罚的轻重，被取保候审人的经济状况等情况,确定保证金的数额。

提供保证金的人应当将保证金存入执行机关指定银行的专门账户。

第七十三条 【保证金的退还】犯罪嫌疑人、被告人在取保候审期间未违反本法第七十一条规定的,取保候审结束的时候,凭解除取保候审的通知或者有关法律文书到银行领取退还的保证金。

第七十四条 【监视居住的法定情形与执行】人民法院、人民检察院和公安机关对符合逮捕条件,有下列情形之一的犯罪嫌疑人、被告人,可以监视居住:

(一)患有严重疾病、生活不能自理的;

(二)怀孕或者正在哺乳自己婴儿的妇女;

(三)系生活不能自理的人的唯一扶养人;

(四)因为案件的特殊情况或者办理案件的需要,采取监视居住措施更为适宜的;

(五)羁押期限届满,案件尚未办结,需要采取监视居住措施的。

对符合取保候审条件,但犯罪嫌疑人、被告人不能提出保证人,也不交纳保证金的,可以监视居住。

监视居住由公安机关执行。

第七十五条 【监视居住的执行处所与被监视居住人的权利保障】监视居住应当在犯罪嫌疑人、被告人的住处执行;无固定住处的,可以在指定的居所执行。对于涉嫌危害国家安全犯罪、恐怖活动犯罪,在住处执行可能有碍侦查的,经上一级公安机关批准,也可以在指定的居所执行。但是,不得在羁押场所、专门的办案场所执行。

指定居所监视居住的,除无法通知的以外,应当在执行监视居住后二十四小时以内,通知被监视居住人的家属。

被监视居住的犯罪嫌疑人、被告人委托辩护人,适用本法第三十四条的规定。

人民检察院对指定居所监视居住的决定和执行是否合法实行监督。

第七十六条　【监视居住期限的刑期折抵】指定居所监视居住的期限应当折抵刑期。被判处管制的，监视居住一日折抵刑期一日；被判处拘役、有期徒刑的，监视居住二日折抵刑期一日。

第七十七条　【被监视居住人应遵守的规定】【对被监视居住人违反规定的处理】被监视居住的犯罪嫌疑人、被告人应当遵守以下规定：

（一）未经执行机关批准不得离开执行监视居住的处所；

（二）未经执行机关批准不得会见他人或者通信；

（三）在传讯的时候及时到案；

（四）不得以任何形式干扰证人作证；

（五）不得毁灭、伪造证据或者串供；

（六）将护照等出入境证件、身份证件、驾驶证件交执行机关保存。

被监视居住的犯罪嫌疑人、被告人违反前款规定，情节严重的，可以予以逮捕；需要予以逮捕的，可以对犯罪嫌疑人、被告人先行拘留。

第七十八条　【执行机关对被监视居住人的监督与监控】执行机关对被监视居住的犯罪嫌疑人、被告人，可以采取电子监控、不定期检查等监视方法对其遵守监视居住规定的情况进行监督；在侦查期间，可以对被监视居住的犯罪嫌疑人的通信进行监控。

第七十九条　【取保候审、监视居住的法定期限及其解除】人民法院、人民检察院和公安机关对犯罪嫌疑人、被告人取保候审最长不得超过十二个月，监视居住最长不得超过六个月。

在取保候审、监视居住期间，不得中断对案件的侦查、起诉和审理。对于发现不应当追究刑事责任或者取保候审、监视居住期限届满的，应当及时解除取保候审、监视居住。解除取保候审、监视居住，应当及时通知被取保候审、监视居住人和有关单位。

第八十条　【逮捕的批准、决定与执行】 逮捕犯罪嫌疑人、被告人，必须经过人民检察院批准或者人民法院决定，由公安机关执行。

第八十一条　【逮捕的法定情形】 对有证据证明有犯罪事实，可能判处徒刑以上刑罚的犯罪嫌疑人、被告人，采取取保候审尚不足以防止发生下列社会危险性的，应当予以逮捕：

（一）可能实施新的犯罪的；

（二）有危害国家安全、公共安全或者社会秩序的现实危险的；

（三）可能毁灭、伪造证据，干扰证人作证或者串供的；

（四）可能对被害人、举报人、控告人实施打击报复的；

（五）企图自杀或者逃跑的。

批准或者决定逮捕，应当将犯罪嫌疑人、被告人涉嫌犯罪的性质、情节、认罪认罚等情况，作为是否可能发生社会危险性的考虑因素。

对有证据证明有犯罪事实，可能判处十年有期徒刑以上刑罚的，或者有证据证明有犯罪事实，可能判处徒刑以上刑罚，曾经故意犯罪或者身份不明的，应当予以逮捕。

被取保候审、监视居住的犯罪嫌疑人、被告人违反取保候审、监视居住规定，情节严重的，可以予以逮捕。

第八十二条　【拘留的法定情形】 公安机关对于现行犯或者重大嫌疑分子，如果有下列情形之一的，可以先行拘留：

（一）正在预备犯罪、实行犯罪或者在犯罪后即时被发觉的；

（二）被害人或者在场亲眼看见的人指认他犯罪的；

（三）在身边或者住处发现有犯罪证据的；

（四）犯罪后企图自杀、逃跑或者在逃的；

（五）有毁灭、伪造证据或者串供可能的；

（六）不讲真实姓名、住址，身份不明的；

（七）有流窜作案、多次作案、结伙作案重大嫌疑的。

第八十三条　【异地拘留、逮捕】 公安机关在异地执行拘留、逮捕的时候,应当通知被拘留、逮捕人所在地的公安机关,被拘留、逮捕人所在地的公安机关应当予以配合。

第八十四条 【扭送的法定情形】对于有下列情形的人,任何公民都可以立即扭送公安机关、人民检察院或者人民法院处理:

(一) 正在实行犯罪或者在犯罪后即时被发觉的;

(二) 通缉在案的;

(三) 越狱逃跑的;

(四) 正在被追捕的。

第八十五条 【拘留的程序与通知家属】公安机关拘留人的时候,必须出示拘留证。

拘留后,应当立即将被拘留人送看守所羁押,至迟不得超过二十四小时。除无法通知或者涉嫌危害国家安全犯罪、恐怖活动犯罪通知可能有碍侦查的情形以外,应当在拘留后二十四小时以内,通知被拘留人的家属。有碍侦查的情形消失以后,应当立即通知被拘留人的家属。

第八十六条 【拘留后的讯问与释放】公安机关对被拘留的人,应当在拘留后的二十四小时以内进行讯问。在发现不应当拘留的时候,必须立即释放,发给释放证明。

第八十七条 【提请逮捕】公安机关要求逮捕犯罪嫌疑人的时候,应当写出提请批准逮捕书,连同案卷材料、证据,一并移送同级人民检察院审查批准。必要的时候,人民检察院可以派人参加公安机关对于重大案件的讨论。

第八十八条 【审查批准逮捕】人民检察院审查批准逮捕,可以讯问犯罪嫌疑人;有下列情形之一的,应当讯问犯罪嫌疑人:

(一) 对是否符合逮捕条件有疑问的;

(二) 犯罪嫌疑人要求向检察人员当面陈述的;

(三) 侦查活动可能有重大违法行为的。

人民检察院审查批准逮捕,可以询问证人等诉讼参与人,听取辩护律师的意见;辩护律师提出要求的,应当听取辩护律师的意见。

第八十九条　**【审查批准逮捕的决定】**人民检察院审查批准逮捕犯罪嫌疑人由检察长决定。重大案件应当提交检察委员会讨论决定。

第九十条　**【批准逮捕与不批准逮捕】**人民检察院对于公安机关提请批准逮捕的案件进行审查后，应当根据情况分别作出批准逮捕或者不批准逮捕的决定。对于批准逮捕的决定，公安机关应当立即执行，并且将执行情况及时通知人民检察院。对于不批准逮捕的，人民检察院应当说明理由，需要补充侦查的，应当同时通知公安机关。

第九十一条　**【提请批捕对其审查处理】**公安机关对被拘留的人，认为需要逮捕的，应当在拘留后的三日以内，提请人民检察院审查批准。在特殊情况下，提请审查批准的时间可以延长一日至四日。

对于流窜作案、多次作案、结伙作案的重大嫌疑分子，提请审查批准的时间可以延长至三十日。

人民检察院应当自接到公安机关提请批准逮捕书后的七日以内，作出批准逮捕或者不批准逮捕的决定。人民检察院不批准逮捕的，公安机关应当在接到通知后立即释放，并且将执行情况及时通知人民检察院。对于需要继续侦查，并且符合取保候审、监视居住条件的，依法取保候审或者监视居住。

第九十二条　**【公安机关对不批准逮捕的异议】**公安机关对人民检察院不批准逮捕的决定，认为有错误的时候，可以要求复议，但是必须将被拘留的人立即释放。如果意见不被接受，可以向上一级人民检察院提请复核。上级人民检察院应当立即复核，作出是否变更的决定，通知下级人民检察院和公安机关执行。

第九十三条　**【逮捕的程序与通知家属】**公安机关逮捕人的时候，必须出示逮捕证。

逮捕后，应当立即将被逮捕人送看守所羁押。除无法通知的以外，应当在逮捕后二十四小时以内，通知被逮捕人的家属。

第九十四条 【逮捕后的讯问】人民法院、人民检察院对于各自决定逮捕的人，公安机关对于经人民检察院批准逮捕的人，都必须在逮捕后的二十四小时以内进行讯问。在发现不应当逮捕的时候，必须立即释放，发给释放证明。

第九十五条 【检察院对羁押必要性的审查】犯罪嫌疑人、被告人被逮捕后，人民检察院仍应当对羁押的必要性进行审查。对不需要继续羁押的，应当建议予以释放或者变更强制措施。有关机关应当在十日以内将处理情况通知人民检察院。

第九十六条 【强制措施的撤销与变更】人民法院、人民检察院和公安机关如果发现对犯罪嫌疑人、被告人采取强制措施不当的，应当及时撤销或者变更。公安机关释放被逮捕的人或者变更逮捕措施的，应当通知原批准的人民检察院。

第九十七条 【变更强制措施的申请与决定程序】犯罪嫌疑人、被告人及其法定代理人、近亲属或者辩护人有权申请变更强制措施。人民法院、人民检察院和公安机关收到申请后，应当在三日以内作出决定；不同意变更强制措施的，应当告知申请人，并说明不同意的理由。

第九十八条 【对不能按期结案强制措施的变更】犯罪嫌疑人、被告人被羁押的案件，不能在本法规定的侦查羁押、审查起诉、一审、二审期限内办结的，对犯罪嫌疑人、被告人应当予以释放；需要继续查证、审理的，对犯罪嫌疑人、被告人可以取保候审或者监视居住。

第九十九条 【法定期限届满要求解除强制措施】人民法院、人民检察院或者公安机关对被采取强制措施法定期限届满的犯罪嫌疑人、被告人，应当予以释放、解除取保候审、监视居住或者依法变更强制措施。犯罪嫌疑人、被告人及其法定代理人、近亲属或者辩护人对于人民法院、人民检察院或者公安机关采取强制措施法定期限届满的，有权要求解除强制措施。

第一百条 【侦查监督】人民检察院在审查批准逮捕工作中，

如果发现公安机关的侦查活动有违法情况,应当通知公安机关予以纠正,公安机关应当将纠正情况通知人民检察院。

第七章 附带民事诉讼

第一百零一条 【附带民事诉讼的提起】被害人由于被告人的犯罪行为而遭受物质损失的,在刑事诉讼过程中,有权提起附带民事诉讼。被害人死亡或者丧失行为能力的,被害人的法定代理人、近亲属有权提起附带民事诉讼。

如果是国家财产、集体财产遭受损失的,人民检察院在提起公诉的时候,可以提起附带民事诉讼。

第一百零二条 【附带民事诉讼中的保全措施】人民法院在必要的时候,可以采取保全措施,查封、扣押或者冻结被告人的财产。附带民事诉讼原告人或者人民检察院可以申请人民法院采取保全措施。人民法院采取保全措施,适用民事诉讼法的有关规定。

第一百零三条 【附带民事诉讼的调解和裁判】人民法院审理附带民事诉讼案件,可以进行调解,或者根据物质损失情况作出判决、裁定。

第一百零四条 【附带民事诉讼一并审判及例外】附带民事诉讼应当同刑事案件一并审判,只有为了防止刑事案件审判的过分迟延,才可以在刑事案件审判后,由同一审判组织继续审理附带民事诉讼。

第八章 期间、送达

第一百零五条 【期间及其计算】期间以时、日、月计算。

期间开始的时和日不算在期间以内。

法定期间不包括路途上的时间。上诉状或者其他文件在期满前已经交邮的，不算过期。

期间的最后一日为节假日的，以节假日后的第一日为期满日期，但犯罪嫌疑人、被告人或者罪犯在押期间，应当至期满之日为止，不得因节假日而延长。

第一百零六条 　【期间的耽误及补救】当事人由于不能抗拒的原因或者有其他正当理由而耽误期限的，在障碍消除后五日以内，可以申请继续进行应当在期满以前完成的诉讼活动。

前款申请是否准许，由人民法院裁定。

第一百零七条 　【送达】送达传票、通知书和其他诉讼文件应当交给收件人本人；如果本人不在，可以交给他的成年家属或者所在单位的负责人员代收。

收件人本人或者代收人拒绝接收或者拒绝签名、盖章的时候，送达人可以邀请他的邻居或者其他见证人到场，说明情况，把文件留在他的住处，在送达证上记明拒绝的事由、送达的日期，由送达人签名，即认为已经送达。

第九章　其他规定

第一百零八条 　【本法用语解释】本法下列用语的含意是：

（一）"侦查"是指公安机关、人民检察院对于刑事案件，依照法律进行的收集证据、查明案情的工作和有关的强制性措施；

（二）"当事人"是指被害人、自诉人、犯罪嫌疑人、被告人、附带民事诉讼的原告人和被告人；

（三）"法定代理人"是指被代理人的父母、养父母、监护人和负有保护责任的机关、团体的代表；

（四）"诉讼参与人"是指当事人、法定代理人、诉讼代理人、辩护人、证人、鉴定人和翻译人员；

（五）"诉讼代理人"是指公诉案件的被害人及其法定代理人或

者近亲属、自诉案件的自诉人及其法定代理人委托代为参加诉讼的人和附带民事诉讼的当事人及其法定代理人委托代为参加诉讼的人；

（六）"近亲属"是指夫、妻、父、母、子、女、同胞兄弟姊妹。

第二编 立案、侦查和提起公诉

第一章 立 案

第一百零九条 【立案侦查机关】公安机关或者人民检察院发现犯罪事实或者犯罪嫌疑人，应当按照管辖范围，立案侦查。

第一百一十条 【报案、举报、控告及自首的处理】任何单位和个人发现有犯罪事实或者犯罪嫌疑人，有权利也有义务向公安机关、人民检察院或者人民法院报案或者举报。

被害人对侵犯其人身、财产权利的犯罪事实或者犯罪嫌疑人，有权向公安机关、人民检察院或者人民法院报案或者控告。

公安机关、人民检察院或者人民法院对于报案、控告、举报，都应当接受。对于不属于自己管辖的，应当移送主管机关处理，并且通知报案人、控告人、举报人；对于不属于自己管辖而又必须采取紧急措施的，应当先采取紧急措施，然后移送主管机关。

犯罪人向公安机关、人民检察院或者人民法院自首的，适用第三款规定。

第一百一十一条 【报案、控告、举报的形式、程序及保障】报案、控告、举报可以用书面或者口头提出。接受口头报案、控告、举报的工作人员，应当写成笔录，经宣读无误后，由报案人、控告人、举报人签名或者盖章。

接受控告、举报的工作人员，应当向控告人、举报人说明诬告应负的法律责任。但是，只要不是捏造事实，伪造证据，即使控告、举报的事实有出入，甚至是错告的，也要和诬告严格加以区别。

公安机关、人民检察院或者人民法院应当保障报案人、控告人、举报人及其近亲属的安全。报案人、控告人、举报人如果不愿公开自己的姓名和报案、控告、举报的行为，应当为他保守秘密。

第一百一十二条　【对报案、控告、举报和自首的审查】人民法院、人民检察院或者公安机关对于报案、控告、举报和自首的材料，应当按照管辖范围，迅速进行审查，认为有犯罪事实需要追究刑事责任的时候，应当立案；认为没有犯罪事实，或者犯罪事实显著轻微，不需要追究刑事责任的时候，不予立案，并且将不立案的原因通知控告人。控告人如果不服，可以申请复议。

第一百一十三条　【立案监督】人民检察院认为公安机关对应当立案侦查的案件而不立案侦查的，或者被害人认为公安机关对应当立案侦查的案件而不立案侦查，向人民检察院提出的，人民检察院应当要求公安机关说明不立案的理由。人民检察院认为公安机关不立案理由不能成立的，应当通知公安机关立案，公安机关接到通知后应当立案。

第一百一十四条　【自诉案件的起诉与受理】对于自诉案件，被害人有权向人民法院直接起诉。被害人死亡或者丧失行为能力的，被害人的法定代理人、近亲属有权向人民法院起诉。人民法院应当依法受理。

第二章　侦　　查

第一节　一般规定

第一百一十五条　【侦查】公安机关对已经立案的刑事案件，应当进行侦查，收集、调取犯罪嫌疑人有罪或者无罪、罪轻或者罪重的证据材料。对现行犯或者重大嫌疑分子可以依法先行拘留，对符合逮捕条件的犯罪嫌疑人，应当依法逮捕。

第一百一十六条　【预审】公安机关经过侦查，对有证据证明有犯罪事实的案件，应当进行预审，对收集、调取的证据材料予以核实。

第一百一十七条　【对违法侦查的申诉、控告与处理】当事人和辩护人、诉讼代理人、利害关系人对于司法机关及其工作人员有下列行为之一的，有权向该机关申诉或者控告：

（一）采取强制措施法定期限届满，不予以释放、解除或者变更的；

（二）应当退还取保候审保证金不退还的；

（三）对与案件无关的财物采取查封、扣押、冻结措施的；

（四）应当解除查封、扣押、冻结不解除的；

（五）贪污、挪用、私分、调换、违反规定使用查封、扣押、冻结的财物的。

受理申诉或者控告的机关应当及时处理。对处理不服的，可以向同级人民检察院申诉；人民检察院直接受理的案件，可以向上一级人民检察院申诉。人民检察院对申诉应当及时进行审查，情况属实的，通知有关机关予以纠正。

第二节　讯问犯罪嫌疑人

第一百一十八条　【讯问的主体】【对被羁押犯罪嫌疑人讯问地点】讯问犯罪嫌疑人必须由人民检察院或者公安机关的侦查人员负责进行。讯问的时候，侦查人员不得少于二人。

犯罪嫌疑人被送交看守所羁押以后，侦查人员对其进行讯问，应当在看守所内进行。

第一百一十九条　【传唤、拘传讯问的地点、持续期间及权利保障】对不需要逮捕、拘留的犯罪嫌疑人，可以传唤到犯罪嫌疑人所在市、县内的指定地点或者到他的住处进行讯问，但是应当出示人民检察院或者公安机关的证明文件。对在现场发现的犯罪嫌疑人，经出示工作证件，可以口头传唤，但应当在讯问笔录中注明。

传唤、拘传持续的时间不得超过十二小时；案情特别重大、复杂，需要采取拘留、逮捕措施的，传唤、拘传持续的时间不得超过二十四小时。

不得以连续传唤、拘传的形式变相拘禁犯罪嫌疑人。传唤、拘传犯罪嫌疑人，应当保证犯罪嫌疑人的饮食和必要的休息时间。

第一百二十条　【讯问程序】侦查人员在讯问犯罪嫌疑人的时候，应当首先讯问犯罪嫌疑人是否有犯罪行为，让他陈述有罪的情节或者无罪的辩解，然后向他提出问题。犯罪嫌疑人对侦查人员的提问，应当如实回答。但是对与本案无关的问题，有拒绝回答的权利。

侦查人员在讯问犯罪嫌疑人的时候，应当告知犯罪嫌疑人享有的诉讼权利，如实供述自己罪行可以从宽处理和认罪认罚的法律规定。

第一百二十一条　【对聋、哑犯罪嫌疑人讯问的要求】讯问聋、哑的犯罪嫌疑人，应当有通晓聋、哑手势的人参加，并且将这种情况记明笔录。

第一百二十二条　【讯问笔录】讯问笔录应当交犯罪嫌疑人核对，对于没有阅读能力的，应当向他宣读。如果记载有遗漏或者差错，犯罪嫌疑人可以提出补充或者改正。犯罪嫌疑人承认笔录没有错误后，应当签名或者盖章。侦查人员也应当在笔录上签名。犯罪嫌疑人请求自行书写供述的，应当准许。必要的时候，侦查人员也可以要犯罪嫌疑人亲笔书写供词。

第一百二十三条　【讯问过程录音录像】侦查人员在讯问犯罪嫌疑人的时候，可以对讯问过程进行录音或者录像；对于可能判处无期徒刑、死刑的案件或者其他重大犯罪案件，应当对讯问过程进行录音或者录像。

录音或者录像应当全程进行，保持完整性。

第三节 询问证人

第一百二十四条 【询问证人的地点、方式】侦查人员询问证人,可以在现场进行,也可以到证人所在单位、住处或者证人提出的地点进行,在必要的时候,可以通知证人到人民检察院或者公安机关提供证言。在现场询问证人,应当出示工作证件,到证人所在单位、住处或者证人提出的地点询问证人,应当出示人民检察院或者公安机关的证明文件。

询问证人应当个别进行。

第一百二十五条 【询问证人的告知事项】询问证人,应当告知他应当如实地提供证据、证言和有意作伪证或者隐匿罪证要负的法律责任。

第一百二十六条 【询问证人笔录】本法第一百二十二条的规定,也适用于询问证人。

第一百二十七条 【询问被害人的法律适用】询问被害人,适用本节各条规定。

第四节 勘验、检查

第一百二十八条 【勘验、检查的主体和范围】侦查人员对于与犯罪有关的场所、物品、人身、尸体应当进行勘验或者检查。在必要的时候,可以指派或者聘请具有专门知识的人,在侦查人员的主持下进行勘验、检查。

第一百二十九条 【犯罪现场保护】任何单位和个人,都有义务保护犯罪现场,并且立即通知公安机关派员勘验。

第一百三十条 【勘验、检查的手续】侦查人员执行勘验、检查,必须持有人民检察院或者公安机关的证明文件。

第一百三十一条 【尸体解剖】对于死因不明的尸体,公安机关有权决定解剖,并且通知死者家属到场。

第一百三十二条　【对被害人、犯罪嫌疑人的人身检查】为了确定被害人、犯罪嫌疑人的某些特征、伤害情况或者生理状态，可以对人身进行检查，可以提取指纹信息，采集血液、尿液等生物样本。

　　犯罪嫌疑人如果拒绝检查，侦查人员认为必要的时候，可以强制检查。

　　检查妇女的身体，应当由女工作人员或者医师进行。

　　第一百三十三条　【勘验、检查笔录制作】勘验、检查的情况应当写成笔录，由参加勘验、检查的人和见证人签名或者盖章。

　　第一百三十四条　【复验、复查】人民检察院审查案件的时候，对公安机关的勘验、检查，认为需要复验、复查时，可以要求公安机关复验、复查，并且可以派检察人员参加。

　　第一百三十五条　【侦查实验】为了查明案情，在必要的时候，经公安机关负责人批准，可以进行侦查实验。

　　侦查实验的情况应当写成笔录，由参加实验的人签名或者盖章。

　　侦查实验，禁止一切足以造成危险、侮辱人格或者有伤风化的行为。

第五节　搜　　查

　　第一百三十六条　【搜查的主体和范围】为了收集犯罪证据、查获犯罪人，侦查人员可以对犯罪嫌疑人以及可能隐藏罪犯或者犯罪证据的人的身体、物品、住处和其他有关的地方进行搜查。

　　第一百三十七条　【协助义务】任何单位和个人，有义务按照人民检察院和公安机关的要求，交出可以证明犯罪嫌疑人有罪或者无罪的物证、书证、视听资料等证据。

　　第一百三十八条　【持证搜查与无证搜查】进行搜查，必须向被搜查人出示搜查证。

　　在执行逮捕、拘留的时候，遇有紧急情况，不另用搜查证也可以进行搜查。

第一百三十九条 【搜查程序】在搜查的时候，应当有被搜查人或者他的家属，邻居或者其他见证人在场。

搜查妇女的身体，应当由女工作人员进行。

第一百四十条 【搜查笔录制作】搜查的情况应当写成笔录，由侦查人员和被搜查人或者他的家属，邻居或者其他见证人签名或者盖章。如果被搜查人或者他的家属在逃或者拒绝签名、盖章，应当在笔录上注明。

第六节 查封、扣押物证、书证

第一百四十一条 【查封、扣押的范围及保管、封存】在侦查活动中发现的可用以证明犯罪嫌疑人有罪或者无罪的各种财物、文件，应当查封、扣押；与案件无关的财物、文件，不得查封、扣押。

对查封、扣押的财物、文件，要妥善保管或者封存，不得使用、调换或者损毁。

第一百四十二条 【查封、扣押清单】对查封、扣押的财物、文件，应当会同在场见证人和被查封、扣押财物、文件持有人查点清楚，当场开列清单一式二份，由侦查人员、见证人和持有人签名或者盖章，一份交给持有人，另一份附卷备查。

第一百四十三条 【扣押邮件、电报的程序】侦查人员认为需要扣押犯罪嫌疑人的邮件、电报的时候，经公安机关或者人民检察院批准，即可通知邮电机关将有关的邮件、电报检交扣押。

不需要继续扣押的时候，应即通知邮电机关。

第一百四十四条 【查询、冻结犯罪嫌疑人财产的程序】人民检察院、公安机关根据侦查犯罪的需要，可以依照规定查询、冻结犯罪嫌疑人的存款、汇款、债券、股票、基金份额等财产。有关单位和个人应当配合。

犯罪嫌疑人的存款、汇款、债券、股票、基金份额等财产已被冻结的，不得重复冻结。

第一百四十五条 【查封、扣押、冻结的解除】对查封、扣押的财物、文件、邮件、电报或者冻结的存款、汇款、债券、股票、基金份额等财产，经查明确实与案件无关的，应当在三日以内解除查封、扣押、冻结，予以退还。

第七节 鉴　　定

第一百四十六条 【鉴定的启动】为了查明案情，需要解决案件中某些专门性问题的时候，应当指派、聘请有专门知识的人进行鉴定。

第一百四十七条 【鉴定意见的制作】【故意作虚假鉴定的责任】鉴定人进行鉴定后，应当写出鉴定意见，并且签名。

鉴定人故意作虚假鉴定的，应当承担法律责任。

第一百四十八条 【告知鉴定意见与补充鉴定、重新鉴定】侦查机关应当将用作证据的鉴定意见告知犯罪嫌疑人、被害人。如果犯罪嫌疑人、被害人提出申请，可以补充鉴定或者重新鉴定。

第一百四十九条 【对犯罪嫌疑人作精神病鉴定的期间】对犯罪嫌疑人作精神病鉴定的期间不计入办案期限。

第八节 技术侦查措施

第一百五十条 【技术侦查措施的适用范围和批准手续】公安机关在立案后，对于危害国家安全犯罪、恐怖活动犯罪、黑社会性质的组织犯罪、重大毒品犯罪或者其他严重危害社会的犯罪案件，根据侦查犯罪的需要，经过严格的批准手续，可以采取技术侦查措施。

人民检察院在立案后，对于利用职权实施的严重侵犯公民人身权利的重大犯罪案件，根据侦查犯罪的需要，经过严格的批准手续，可以采取技术侦查措施，按照规定交有关机关执行。

追捕被通缉或者批准、决定逮捕的在逃的犯罪嫌疑人、被告人，经过批准，可以采取追捕所必需的技术侦查措施。

第一百五十一条 【技术侦查措施的有效期限及其延长程序】批准决定应当根据侦查犯罪的需要，确定采取技术侦查措施的种类和适用对象。批准决定自签发之日起三个月以内有效。对于不需要继续采取技术侦查措施的，应当及时解除；对于复杂、疑难案件，期限届满仍有必要继续采取技术侦查措施的，经过批准，有效期可以延长，每次不得超过三个月。

第一百五十二条 【技术侦查措施的执行、保密及获取材料的用途限制】采取技术侦查措施，必须严格按照批准的措施种类、适用对象和期限执行。

侦查人员对采取技术侦查措施过程中知悉的国家秘密、商业秘密和个人隐私，应当保密；对采取技术侦查措施获取的与案件无关的材料，必须及时销毁。

采取技术侦查措施获取的材料，只能用于对犯罪的侦查、起诉和审判，不得用于其他用途。

公安机关依法采取技术侦查措施，有关单位和个人应当配合，并对有关情况予以保密。

第一百五十三条 【隐匿身份侦查及其限制】【控制下交付的适用范围】为了查明案情，在必要的时候，经公安机关负责人决定，可以由有关人员隐匿其身份实施侦查。但是，不得诱使他人犯罪，不得采用可能危害公共安全或者发生重大人身危险的方法。

对涉及给付毒品等违禁品或者财物的犯罪活动，公安机关根据侦查犯罪的需要，可以依照规定实施控制下交付。

第一百五十四条 【技术侦查措施收集材料用作证据的特别规定】依照本节规定采取侦查措施收集的材料在刑事诉讼中可以作为证据使用。如果使用该证据可能危及有关人员的人身安全，或者可能产生其他严重后果的，应当采取不暴露有关人员身份、技术方法等保护措施，必要的时候，可以由审判人员在庭外对证据进行核实。

第九节 通 缉

第一百五十五条 【通缉令的发布】应当逮捕的犯罪嫌疑人如果在逃,公安机关可以发布通缉令,采取有效措施,追捕归案。

各级公安机关在自己管辖的地区以内,可以直接发布通缉令;超出自己管辖的地区,应当报请有权决定的上级机关发布。

第十节 侦查终结

第一百五十六条 【一般侦查羁押期限】对犯罪嫌疑人逮捕后的侦查羁押期限不得超过二个月。案情复杂、期限届满不能终结的案件,可以经上一级人民检察院批准延长一个月。

第一百五十七条 【特殊侦查羁押期限】因为特殊原因,在较长时间内不宜交付审判的特别重大复杂的案件,由最高人民检察院报请全国人民代表大会常务委员会批准延期审理。

第一百五十八条 【重大复杂案件的侦查羁押期限】下列案件在本法第一百五十六条规定的期限届满不能侦查终结的,经省、自治区、直辖市人民检察院批准或者决定,可以延长二个月:

(一)交通十分不便的边远地区的重大复杂案件;

(二)重大的犯罪集团案件;

(三)流窜作案的重大复杂案件;

(四)犯罪涉及面广,取证困难的重大复杂案件。

第一百五十九条 【重刑案件的侦查羁押期限】对犯罪嫌疑人可能判处十年有期徒刑以上刑罚,依照本法第一百五十八条规定延长期限届满,仍不能侦查终结的,经省、自治区、直辖市人民检察院批准或者决定,可以再延长二个月。

第一百六十条 【侦查羁押期限的重新计算】在侦查期间,发现犯罪嫌疑人另有重要罪行的,自发现之日起依照本法第一百五十六条的规定重新计算侦查羁押期限。

犯罪嫌疑人不讲真实姓名、住址，身份不明的，应当对其身份进行调查，侦查羁押期限自查清其身份之日起计算，但是不得停止对其犯罪行为的侦查取证。对于犯罪事实清楚，证据确实、充分，确实无法查明其身份的，也可以按其自报的姓名起诉、审判。

第一百六十一条　【听取辩护律师意见】在案件侦查终结前，辩护律师提出要求的，侦查机关应当听取辩护律师的意见，并记录在案。辩护律师提出书面意见的，应当附卷。

第一百六十二条　【侦查终结的条件和手续】公安机关侦查终结的案件，应当做到犯罪事实清楚，证据确实、充分，并且写出起诉意见书，连同案卷材料、证据一并移送同级人民检察院审查决定；同时将案件移送情况告知犯罪嫌疑人及其辩护律师。

犯罪嫌疑人自愿认罪的，应当记录在案，随案移送，并在起诉意见书中写明有关情况。

第一百六十三条　【撤销案件及其处理】在侦查过程中，发现不应对犯罪嫌疑人追究刑事责任的，应当撤销案件；犯罪嫌疑人已被逮捕的，应当立即释放，发给释放证明，并且通知原批准逮捕的人民检察院。

第十一节　人民检察院对直接受理的案件的侦查

第一百六十四条　【检察院自侦案件的法律适用】人民检察院对直接受理的案件的侦查适用本章规定。

第一百六十五条　【检察院自侦案件的逮捕、拘留】人民检察院直接受理的案件中符合本法第八十一条、第八十二条第四项、第五项规定情形，需要逮捕、拘留犯罪嫌疑人的，由人民检察院作出决定，由公安机关执行。

第一百六十六条　【检察院自侦案件中对被拘留人的讯问】人民检察院对直接受理的案件中被拘留的人，应当在拘留后的二十四小时以内进行讯问。在发现不应当拘留的时候，必须立即释放，发给释放证明。

第一百六十七条 【检察院自侦案件决定逮捕的期限】人民检察院对直接受理的案件中被拘留的人，认为需要逮捕的，应当在十四日以内作出决定。在特殊情况下，决定逮捕的时间可以延长一日至三日。对不需要逮捕的，应当立即释放；对需要继续侦查，并且符合取保候审、监视居住条件的，依法取保候审或者监视居住。

第一百六十八条 【检察院自侦案件侦查终结的处理】人民检察院侦查终结的案件，应当作出提起公诉、不起诉或者撤销案件的决定。

......

第二百九十八条 【适用范围、申请程序及保全措施】对于贪污贿赂犯罪、恐怖活动犯罪等重大犯罪案件，犯罪嫌疑人、被告人逃匿，在通缉一年后不能到案，或者犯罪嫌疑人、被告人死亡，依照刑法规定应当追缴其违法所得及其他涉案财产的，人民检察院可以向人民法院提出没收违法所得的申请。

公安机关认为有前款规定情形的，应当写出没收违法所得意见书，移送人民检察院。

没收违法所得的申请应当提供与犯罪事实、违法所得相关的证据材料，并列明财产的种类、数量、所在地及查封、扣押、冻结的情况。

人民法院在必要的时候，可以查封、扣押、冻结申请没收的财产。

第二百九十九条 【对没收违法所得及其他涉案财产的审理程序】没收违法所得的申请，由犯罪地或者犯罪嫌疑人、被告人居住地的中级人民法院组成合议庭进行审理。

人民法院受理没收违法所得的申请后，应当发出公告。公告期间为六个月。犯罪嫌疑人、被告人的近亲属和其他利害关系人有权申请参加诉讼，也可以委托诉讼代理人参加诉讼。

人民法院在公告期满后对没收违法所得的申请进行审理。利害关系人参加诉讼的，人民法院应当开庭审理。

第三百条 【裁定的作出】人民法院经审理，对经查证属于违法所得及其他涉案财产，除依法返还被害人的以外，应当裁定予以没收；对不属于应当追缴的财产的，应当裁定驳回申请，解除查封、扣押、冻结措施。

对于人民法院依照前款规定作出的裁定，犯罪嫌疑人、被告人的近亲属和其他利害关系人或者人民检察院可以提出上诉、抗诉。

第三百零一条 【本程序的终止】【没收错误的返还与赔偿】在审理过程中，在逃的犯罪嫌疑人、被告人自动投案或者被抓获的，人民法院应当终止审理。

没收犯罪嫌疑人、被告人财产确有错误的，应当予以返还、赔偿。
……

公安机关反有组织犯罪工作规定

（2022年8月26日公安部令第165号公布 自2022年10月1日起施行）

第一章 总 则

第一条 为了保障《中华人民共和国反有组织犯罪法》的贯彻实施，保证公安机关依法、规范、高效开展反有组织犯罪工作，保护公民和组织的合法权益，根据有关法律、行政法规，制定本规定。

第二条 公安机关反有组织犯罪的职责任务，是收集、研判有组织犯罪相关信息，核查有组织犯罪线索，侦查有组织犯罪案件，实施《中华人民共和国反有组织犯罪法》规定的相关行政处罚，在职权范围内落实有组织犯罪预防和治理工作。

第三条 公安机关开展反有组织犯罪工作，应当坚持专门工作与群众路线相结合，坚持专项治理与系统治理相结合，坚持与反腐败相结合,坚持与加强基层组织建设相结合,惩防并举、标本兼治。

第四条 公安机关开展反有组织犯罪工作,应当符合法律、行政法规和本规章的规定,做到严格规范执法,尊重保障人权。

第五条 公安机关应当不断加强反有组织犯罪工作的专业化、规范化、信息化建设,促进反有组织犯罪各项工作的科学、精准、高效开展。

第六条 公安机关应当发挥职能作用,加强与相关部门信息共享、工作联动,充分调动各种资源,促进对有组织犯罪的源头治理。

各地公安机关、各警种部门之间应当加强协作、配合,依法履行反有组织犯罪各项工作职责。

第七条 公安机关应当建立科学的反有组织犯罪工作考评机制,全面考察基础工作、力量建设、预防治理、查处违法犯罪等各方面情况,综合评价反有组织犯罪工作质效。

第二章 预防和治理

第八条 公安机关应当结合公安工作职责,通过普法宣传、以案释法等方式,积极开展反有组织犯罪宣传教育,增强公民的反有组织犯罪意识和能力。

第九条 公安机关应当积极配合教育行政部门、学校建立防范有组织犯罪侵害校园工作机制,加强反有组织犯罪宣传教育,增强学生对有组织犯罪的识别能力和防范意识,教育引导学生自觉抵制有组织犯罪,防范有组织犯罪的侵害。

第十条 公安机关发现互联网上含有宣扬、诱导有组织犯罪内容的信息,应当及时责令电信业务经营者、互联网服务提供者停止传输、采取消除等处置措施,或者下架相关应用、关闭相关网站、关停相关服务,并保存相关记录,协助调查。

第十一条 公安机关应当建立有组织犯罪监测评估体系,根据辖区内警情、线索、案件及社会评价等情况，定期对本辖区有组织犯罪态势进行评估，并将评估结果报送上级公安机关。

第十二条　公安机关应当配合民政等有关部门，对村民委员会、居民委员会成员候选人资格依法进行审查，并及时处理有关有组织犯罪线索。

第十三条　公安机关应当配合市场监管、金融监管、自然资源、交通运输等行业主管部门，建立健全行业有组织犯罪预防和治理长效机制。

第十四条　公安机关在办理案件中发现相关行业主管部门有组织犯罪预防和治理工作存在问题，需要书面提出意见建议的，可以向相关行业主管部门发送公安提示函。

发函机关认为有必要的，可以抄送同级人民政府、人大、监察机关，或者被提示单位的上级机关。

第十五条　制发公安提示函，应当立足公安职能，结合侦查工作，坚持准确及时、必要审慎、注重实效的原则。

第十六条　公安机关可以直接向同级行业主管部门发送公安提示函。

需要向下级行业主管部门发送的，可以直接制发，也可以指令对应的下级公安机关制发。

需要向上级行业主管部门发送的，应当层报与其同级的公安机关转发，上级公安机关认为有必要的，也可以直接制发。

发现异地的行业主管部门有组织犯罪预防和治理工作存在问题的，应当书面通报其所在地同级公安机关处理。

第十七条　公安提示函应当写明具体问题、发现途径、理由和依据、意见和建议、反馈要求等。

第十八条　公安机关根据有组织犯罪态势评估结果、公安提示函反馈情况等，可以会同有关部门确定预防和治理的重点区域、行业领域或者场所。

第十九条　对有组织犯罪预防和治理的重点区域、行业领域或者场所，当地公安机关应当根据职权加强治安行政管理、会同或者配合有关部门加大监督检查力度、开展专项整治。

第二十条 对因组织、领导黑社会性质组织被判处刑罚的人员，其户籍地设区的市级公安机关可以决定其自刑罚执行完毕之日起向公安机关报告个人财产及日常活动，并制作责令报告个人财产及日常活动决定书。

前款规定的户籍地公安机关认为由原办案地公安机关作出决定更为适宜的，可以商请由其决定。协商不成的，由共同的上级公安机关指定。

认为无需报告的，应当报上一级公安机关同意；无需报告的情况发生变化，有报告必要的，依照本规定作出责令报告个人财产及日常活动决定。

第二十一条 责令报告个人财产及日常活动决定书应当载明报告期限、首次报告时间、后续报告间隔期间，报告内容、方式，接受报告的公安机关及地址、联系方式，以及不如实报告的法律责任等。

首次报告时间不迟于刑罚执行完毕后一个月，两次报告间隔期间为二至六个月。

责令报告个人财产及日常活动决定书应当在其刑罚执行完毕之日前三个月内作出并送达和宣告，可以委托刑罚执行机关代为送达和宣告。

依据本规定第二十条第三款作出责令报告个人财产及日常活动决定的，不受第二款首次报告期限和前款期限限制。

第二十二条 作出决定的公安机关负责接受个人财产及日常活动报告。必要时，也可以指定下一级公安机关接受报告。

报告期间，经报告义务人申请，接受报告的公安机关认为确有必要的，报决定机关批准，可以变更接受报告的公安机关。跨决定机关管辖区域变更的，层报共同的上级公安机关决定。

接受报告的公安机关变更的，应当做好工作交接。

第二十三条 报告义务人应当按照责令报告个人财产及日常活

动决定书的要求，到公安机关报告个人财产及日常活动情况。

在报告间隔期间，报告义务人的个人财产及日常活动情况可能出现较大变动或者存在重大错报、漏报等情况的，接受报告的公安机关可以通知报告义务人书面或者口头补充报告有关情况。

报告义务人住址、工作单位、通讯方式、出入境证件、重大财产发生变动的，应当在变动后的二十四小时内向公安机关报告。

第二十四条　公安机关可以要求报告义务人报告下列个人财产及日常活动情况：

（一）住址、工作单位、通讯方式；

（二）动产、不动产、现金、存款、财产性权利等财产状况；

（三）经商办企业，从事职业及薪酬，投资收益、经营收益等非职业性经济收入，大额支出等财产变动情况；

（四）日常主要社会交往、婚姻状况，接触特定人员和出入特定场所情况，出境入境情况等；

（五）受到行政、刑事调查及处罚的情况，涉及民事诉讼情况。

报告义务人对前款第二、三、五项规定的报告情况，应当提供证明材料。

第二十五条　个人财产及日常活动报告期限不超过五年，期限届满或者报告义务人在报告期内死亡的，报告义务自动解除。

第二十六条　公安机关在工作中发现境外的黑社会组织的人员可能入境渗透、发展、实施违法犯罪活动的，根据工作需要，可以通知移民管理、海关、海警等部门并提出处置建议。

移民管理、海关、海警等部门发现境外的黑社会组织的人员入境并通知公安机关的，公安机关应当及时依法处理。

第三章　线索核查处置

第二十七条　公安机关应当依法运用现代信息技术，建立有组织犯罪线索收集和研判机制，分级分类进行处置。

公安机关对有组织犯罪线索应当及时开展统计、分析、研判工作，依法组织核查；对不属于公安机关职责范围的事项，移送有关主管机关依法处理。

第二十八条 有组织犯罪线索由县级公安机关负责核查，上级公安机关认为必要时可以提级核查或者指定其他公安机关核查。

上级公安机关应当加强对线索核查工作的监督指导，必要时可以组织抽查、复核。

第二十九条 对有组织犯罪线索，经县级以上公安机关负责人批准后启动核查。

核查有组织犯罪线索，可以依照有关法律和规定采取询问、查询、勘验、检查、鉴定和调取证据材料等不限制被调查对象人身、财产权利的调查措施。

采取前款规定的调查措施，依照《公安机关办理刑事案件程序规定》的有关规定进行审批，制作法律文书。

公安机关向有关单位和个人收集、调取相关信息和材料时，应当告知其必须如实提供。

第三十条 公安机关核查黑社会性质组织犯罪线索，发现涉案财产有灭失、转移的紧急风险的，经设区的市级以上公安机关负责人批准后，可以对有关涉案财产采取紧急止付或者临时冻结、临时扣押的紧急措施，期限不得超过四十八小时。

期限届满或者适用紧急措施的情形消失的，应当立即解除紧急措施；符合立案条件的，办案部门应当在紧急措施期限届满前依法立案侦查，并办理冻结、扣押手续。

第三十一条 有组织犯罪线索核查结论，应当经核查的公安机关负责人批准后作出。有明确举报人、报案人或者控告人的，除无法告知或者可能影响后续侦查工作的以外，应当告知核查结论。

对有控告人的有组织犯罪线索，决定对所控告的事实不予立案的，公安机关应当在核查结论作出后制作不予立案通知书，在三日以内送达控告人。

第三十二条　公安机关核查有组织犯罪线索，发现犯罪事实或者犯罪嫌疑人的，应当依照《中华人民共和国刑事诉讼法》的规定立案侦查。

第四章　案件办理

第三十三条　公安机关办理有组织犯罪案件，应当以事实为根据，以法律为准绳，依法全面收集证据，综合审查判断，准确认定有组织犯罪。

第三十四条　对有组织犯罪的组织者、领导者和骨干成员取保候审的，由办案的公安机关主要负责人组织集体讨论决定。

第三十五条　为谋取非法利益或者形成非法影响，有组织地进行滋扰、纠缠、哄闹、聚众造势等，对他人形成心理强制，足以限制人身自由、危及人身财产安全，影响正常社会秩序、经济秩序的，可以认定为有组织犯罪的犯罪手段。

第三十六条　对于利用信息网络实施的犯罪案件，符合有组织犯罪特征和认定标准的，应当按照有组织犯罪案件侦查、移送起诉。

第三十七条　根据有组织犯罪案件侦查需要，公安机关可以商请人民检察院派员参加案件会商，听取其关于案件定性、证据收集、法律适用等方面的意见。

第三十八条　公安机关办理有组织犯罪案件，可以依照《中华人民共和国出境入境管理法》的规定，决定对犯罪嫌疑人采取限制出境措施，按规定通知移民管理机构执行；对于不需要继续采取限制出境措施的，应当及时解除。

第三十九条　根据办理案件及维护监管秩序的需要，可以对有组织犯罪案件的犯罪嫌疑人、被告人采取异地羁押、分别羁押或者单独羁押等措施。采取异地羁押措施的，应当依法通知犯罪嫌疑人、被告人的家属和辩护人。

　　第四十条　公安机关在立案后，根据侦查犯罪的需要，依照《中华人民共和国刑事诉讼法》的规定，可以采取技术侦查措施、实施控制下交付或者由有关人员隐匿身份进行侦查。

　　公安机关实施控制下交付或者由有关人员隐匿身份进行侦查的，应当进行风险评估，制定预案，经县级以上公安机关负责人批准后实施。

　　采取技术侦查、控制下交付、隐匿身份侦查措施收集的与案件有关的材料，可以作为刑事诉讼证据使用。如果使用该证据可能危及有关人员的人身安全，或者可能产生其他严重后果的，应当采取不暴露有关人员身份和使用的技术设备、侦查方法等保护措施。无法采取保护措施或者采取保护措施不足以防止产生严重后果的，可以建议由审判人员在庭外对证据进行核实。

　　第四十一条　公安机关侦查有组织犯罪案件，应当依法履行认罪认罚从宽告知、教育义务，敦促犯罪嫌疑人如实供述自己的罪行。

　　犯罪嫌疑人认罪认罚的，应当在起诉意见书中写明自愿认罪认罚的情况和从宽处理意见，并随案移送相关证据材料。

　　第四十二条　公安机关对于罪行较轻、自愿认罪认罚、采用非羁押性强制措施足以防止发生《中华人民共和国刑事诉讼法》第八十一条第一款规定的社会危险性的犯罪嫌疑人，依法可不适用羁押性强制措施；已经被羁押的，可以依法变更强制措施。

　　第四十三条　犯罪嫌疑人检举、揭发重大犯罪的其他共同犯罪人或者提供侦破重大案件的重要线索或者证据，同案处理可能导致其本人或者近亲属有人身危险，经县级以上公安机关负责人批准，可以分案处理。

　　公安机关决定分案处理的，应当就案件管辖等问题书面征求人民法院、人民检察院意见并达成一致，防止分案处理出现证据灭失、证据链脱节或者影响有组织犯罪认定等情况。

　　第四十四条　犯罪嫌疑人、被告人有《中华人民共和国反有组织犯罪法》第三十三条第一款所列情形之一的，经县级以上公安机关主要负责人批准，公安机关可以向人民检察院提出从宽处理的意见，并说明理由。

对有组织犯罪的组织者、领导者，应当严格适用。

第五章　涉案财产调查与处置

第四十五条　公安机关根据办理有组织犯罪案件的需要，可以全面调查涉嫌有组织犯罪的组织及其成员财产的来源、性质、用途、权属及价值，依法采取查询、查封、扣押、冻结等措施。

全面调查的范围包括：有组织犯罪组织的财产；组织成员个人所有的财产；组织成员实际控制的财产；组织成员出资购买的财产；组织成员转移至他人名下的财产；组织成员涉嫌洗钱及掩饰、隐瞒犯罪所得、犯罪所得孳息、收益等犯罪涉及的财产；其他与有组织犯罪组织及其成员有关的财产。

第四十六条　公安机关根据反有组织犯罪工作需要，可以向反洗钱行政主管部门查询与有组织犯罪相关的信息数据、提请协查与有组织犯罪相关的可疑交易活动。

第四十七条　对下列财产，经县级以上公安机关主要负责人批准，可以依法先行处置，所得价款由扣押、冻结机关保管，并及时告知犯罪嫌疑人、被告人或者其近亲属：

（一）易损毁、灭失、变质等不宜长期保存的物品；

（二）有效期即将届满的汇票、本票、支票等；

（三）债券、股票、基金份额等财产，经权利人申请，出售不损害国家利益、被害人利益，不影响诉讼正常进行的。

第四十八条　有组织犯罪组织及其成员依法应当被追缴、没收的涉案财产无法找到、灭失或者与其他合法财产混合且不可分割的，公安机关应当积极调查、收集有关证据，并在起诉意见书中说明。

第四十九条 有证据证明犯罪嫌疑人在犯罪期间获得的财产高度可能属于黑社会性质组织犯罪的违法所得及其孳息、收益，公安机关应当要求犯罪嫌疑人说明财产来源并予以查证，对犯罪嫌疑人不能说明合法来源的，应当随案移送审查起诉，并对高度可能性作出说明。

第五十条 有组织犯罪案件移送审查起诉时，公安机关应当对涉案财产提出书面处理意见及理由、依据。

黑社会性质组织犯罪案件，一般应当对涉案财产材料单独立卷。

第五十一条 黑社会性质组织犯罪案件的犯罪嫌疑人逃匿，在通缉一年后不能到案，或者犯罪嫌疑人死亡，依照《中华人民共和国刑法》规定应当追缴其违法所得及其他涉案财产的，依照《中华人民共和国刑事诉讼法》及《公安机关办理刑事案件程序规定》有关犯罪嫌疑人逃匿、死亡案件违法所得的没收程序的规定办理。

第五十二条 对于不宜查封、扣押、冻结的经营性财产，经县级以上公安机关主要负责人批准，可以申请当地政府指定有关部门或者委托有关机构代管或者托管。

不宜查封、扣押、冻结情形消失的，公安机关可以依法对相关财产采取查封、扣押、冻结措施。

第五十三条 利害关系人对查封、扣押、冻结、处置涉案财物提出异议的，公安机关应当及时予以核实，听取其意见，依法作出处理，并书面告知利害关系人。经查明确实与案件无关的财物，应当在三日以内解除相关措施，并予以退还。

公安机关对涉案财物作出处理后，利害关系人对处理不服的，可以提出申诉或者控告。受理申诉或者控告的公安机关应当及时进行调查核实，在收到申诉、控告之日起三十日以内作出处理决定并书面回复。

第六章 国家工作人员涉有组织犯罪的处理

第五十四条 公安机关在反有组织犯罪工作中,发现国家工作人员涉嫌《中华人民共和国反有组织犯罪法》第五十条第一款所列情形之一的,应当按照职权进行初步核查。

经核查,属于公安机关管辖的,应当全面调查,依法作出处理;不属于公安机关管辖的,应当及时移送主管机关。

第五十五条 依法从事反有组织犯罪工作的民警,不得有下列行为:

(一)接到报案、控告、举报不受理,发现犯罪信息、线索隐瞒不报、不如实报告,或者未经批准、授权擅自处置、不移送犯罪线索、涉案材料;

(二)向违法犯罪人员通风报信,阻碍案件查处;

(三)违反规定泄露国家秘密、商业秘密和个人隐私;

(四)违背事实和法律处理案件;

(五)违反规定查封、扣押、冻结、处置涉案财物;

(六)其他滥用职权、玩忽职守、徇私舞弊的行为。

违反上述规定构成犯罪的,依法追究刑事责任;尚不构成犯罪的,依规依纪依法给予处分。

第五十六条 公安机关应当与监察机关、人民法院、人民检察院、司法行政机关加强协作配合,建立线索办理沟通机制。

对于重大疑难复杂的国家工作人员涉有组织犯罪案件,公安机关可以商监察机关、人民检察院同步立案、同步查处,根据案件办理需要,依法移送相关证据、共享有关信息,确保全面查清案件事实。

第五十七条 公安机关接到对从事反有组织犯罪工作民警的举报后,应当审慎对待,依规依纪依法处理,防止犯罪嫌疑人、被告人等利用举报干扰办案、打击报复。

对利用举报等方式歪曲捏造事实、诬告陷害从事反有组织犯罪工作民警的,应当依规依纪依法追究责任;造成不良影响的,应当按照规定及时澄清事实,恢复民警名誉,消除不良影响。

第七章 国际合作

第五十八条 公安部根据中华人民共和国缔结或者参加的国际条约,或者按照平等互惠原则,开展与其他国家、地区、国际组织的反有组织犯罪合作。

第五十九条 公安部根据国务院授权,代表中国政府与外国政府和有关国际组织开展反有组织犯罪情报信息交流和执法合作。

公安部依照有关法律规定,通过推动缔结条约、协定和签订警务合作文件等形式,加强跨境反有组织犯罪警务合作,推动与有关国家、地区、国际组织建立警务合作机制。

经公安部批准,边境地区公安机关可以与相邻国家或者地区执法机构建立跨境有组织犯罪情报信息交流和警务合作机制。

第六十条 通过跨境反有组织犯罪刑事司法协助和警务合作取得的材料可以在行政处罚、刑事诉讼中作为证据使用,但依据条约规定或者我方承诺不作为证据使用的除外。

第六十一条 公安机关开展跨境反有组织犯罪国际合作其他事宜及具体程序,依照有关法律和《公安机关办理刑事案件程序规定》等有关规定办理。

第八章 保障措施

第六十二条 公安机关应当为反有组织犯罪工作提供必要的组织保障、制度保障和物质保障。

第六十三条 公安机关应当建立健全反有组织犯罪专业力量，加强骨干人才培养使用，设立常态化反有组织犯罪专门队伍和情报线索处置平台，确保各级公安机关具备数量充足、配备精良、业务过硬的专门队伍开展反有组织犯罪工作。

第六十四条 公安机关应当加强反有组织犯罪专家人才队伍建设，建立健全选拔、培养、使用机制。

公安机关应当将反有组织犯罪专业训练工作纳入年度教育训练计划。

第六十五条 各级公安机关应当将反有组织犯罪工作经费列入本单位年度预算予以保障。

第六十六条 因举报、控告和制止有组织犯罪活动，在有组织犯罪案件中作证，本人或者其近亲属的人身安全面临危险的，公安机关应当按照有关规定，采取下列一项或者多项保护措施：

（一）不公开真实姓名、住址和工作单位等个人信息；

（二）禁止特定的人接触被保护人员；

（三）对人身和住宅采取专门性保护措施；

（四）变更被保护人员的身份，重新安排住所和工作单位；

（五）其他必要的保护措施。

采取前款第四项规定的保护措施的，由公安部批准和组织实施。

案件移送审查起诉时，应当将采取保护措施的相关情况一并移交人民检察院。

第六十七条 公安机关发现证人因作证，本人或者其近亲属的人身安全面临危险，或者证人向公安机关请求予以保护，公安机关经评估认为确有必要采取保护措施的，应当制作呈请证人保护报告书，报县级以上公安机关负责人批准实施。

人民法院、人民检察院决定对证人采取第六十六条第一款第二、三项保护措施的，由县级以上公安机关凭人民法院、人民检察院的决定文书执行，并将执行保护的情况及时通知决定机关。必要时，可以请人民法院、人民检察院协助执行。

第六十八条 实施有组织犯罪的人员配合侦查、起诉、审判等工作,有《中华人民共和国反有组织犯罪法》第三十三条第一款所列情形之一,对侦破案件或者查明案件事实起到重要作用的,或者有其他重大立功表现的,可以参照证人保护的规定执行。

第六十九条 对办理有组织犯罪案件的人民警察及其近亲属,可以采取人身保护、禁止特定的人接触等保护措施。

第七十条 公安机关实施证人保护的其他事项,适用《公安机关办理刑事案件证人保护工作规定》。

各级公安机关可以结合本地实际,组建专门的证人保护力量、设置证人保护安全场所。

第九章 法律责任

第七十一条 公安机关开展反有组织犯罪工作,对有关组织和个人违反《中华人民共和国反有组织犯罪法》的行为,依法追究其相应的法律责任。

第七十二条 实施《中华人民共和国反有组织犯罪法》第六十九条所列行为的,依照《公安机关办理行政案件程序规定》确定案件管辖。

实施《中华人民共和国反有组织犯罪法》第六十九条第一款第一项行为的,也可以由抓获地公安机关管辖。

相关违法行为系在侦查有组织犯罪过程中发现的,也可以由负责侦查有组织犯罪的公安机关管辖。

第七十三条 《中华人民共和国反有组织犯罪法》第七十条规定的行政处罚,由接受报告的公安机关管辖。

第七十四条 《中华人民共和国反有组织犯罪法》第七十一条规定的行政处罚,由金融机构等相关单位所在地公安机关管辖,也可以由负责侦查有组织犯罪的公安机关管辖。

第七十五条 公安机关调查有组织犯罪，要求有关国家机关、行业主管部门予以配合相关工作或者提供相关证据，有关国家机关、行业主管部门没有正当理由不予配合的，层报相应的上级公安机关书面通报其上级机关。

第十章 附 则

第七十六条 本规定自2022年10月1日起施行。

最高人民法院、最高人民检察院、公安部、司法部关于办理恶势力刑事案件若干问题的意见

（2019年4月9日）

为认真贯彻落实中央开展扫黑除恶专项斗争的部署要求，正确理解和适用最高人民法院、最高人民检察院、公安部、司法部《关于办理黑恶势力犯罪案件若干问题的指导意见》（法发〔2018〕1号，以下简称《指导意见》），根据刑法、刑事诉讼法及有关司法解释、规范性文件的规定，现对办理恶势力刑事案件若干问题提出如下意见：

一、办理恶势力刑事案件的总体要求

1. 人民法院、人民检察院、公安机关和司法行政机关要深刻认识恶势力违法犯罪的严重社会危害，毫不动摇地坚持依法严惩方针，在侦查、起诉、审判、执行各阶段，运用多种法律手段全面体现依法从严惩处精神，有力震慑恶势力违法犯罪分子，有效打击和预防恶势力违法犯罪。

2. 人民法院、人民检察院、公安机关和司法行政机关要严格坚持依法办案，确保在案件事实清楚，证据确实、充分的基础上，准确认定恶势力和恶势力犯罪集团，坚决防止人为拔高或者降低认定标准。要坚持贯彻落实宽严相济刑事政策，根据犯罪嫌疑人、被告人的主观恶性、人身危险性、在恶势力、恶势力犯罪集团中的地位、作用以及在具体犯罪中的罪责，切实做到宽严有据，罚当其罪，实现政治效果、法律效果和社会效果的统一。

3. 人民法院、人民检察院、公安机关和司法行政机关要充分发挥各自职能，分工负责，互相配合，互相制约，坚持以审判为中心的刑事诉讼制度改革要求，严格执行"三项规程"，不断强化程序意识和证据意识，有效加强法律监督，确保严格执法、公正司法，充分保障当事人、诉讼参与人的各项诉讼权利。

二、恶势力、恶势力犯罪集团的认定标准

4. 恶势力，是指经常纠集在一起，以暴力、威胁或者其他手段，在一定区域或者行业内多次实施违法犯罪活动，为非作恶，欺压百姓，扰乱经济、社会生活秩序，造成较为恶劣的社会影响，但尚未形成黑社会性质组织的违法犯罪组织。

5. 单纯为牟取不法经济利益而实施的"黄、赌、毒、盗、抢、骗"等违法犯罪活动，不具有为非作恶、欺压百姓特征的，或者因本人及近亲属的婚恋纠纷、家庭纠纷、邻里纠纷、劳动纠纷、合法债务纠纷而引发以及其他确属事出有因的违法犯罪活动，不应作为恶势力案件处理。

6. 恶势力一般为3人以上，纠集者相对固定。纠集者，是指在恶势力实施的违法犯罪活动中起组织、策划、指挥作用的违法犯罪分子。成员较为固定且符合恶势力其他认定条件，但多次实施违法犯罪活动是由不同的成员组织、策划、指挥，也可以认定为恶势力，有前述行为的成员均可以认定为纠集者。

恶势力的其他成员，是指知道或应当知道与他人经常纠集在一起是为了共同实施违法犯罪，仍按照纠集者的组织、策划、指挥参与违法犯罪活动的违法犯罪分子，包括已有充分证据证明但尚未归案的人员，以及因法定情形不予追究法律责任，或者因参与实施恶势力违法犯罪活动已受到行政或刑事处罚的人员。仅因临时雇佣或被雇佣、利用或被利用以及受蒙蔽参与少量恶势力违法犯罪活动的，一般不应认定为恶势力成员。

7."经常纠集在一起，以暴力、威胁或者其他手段，在一定区域或者行业内多次实施违法犯罪活动"，是指犯罪嫌疑人、被告人于2年之内，以暴力、威胁或者其他手段，在一定区域或者行业内多次实施违法犯罪活动，且包括纠集者在内，至少应有2名相同的成员多次参与实施违法犯罪活动。对于"纠集在一起"时间明显较短，实施违法犯罪活动刚刚达到"多次"标准，且尚不足以造成较为恶劣影响的，一般不应认定为恶势力。

8. 恶势力实施的违法犯罪活动，主要为强迫交易、故意伤害、非法拘禁、敲诈勒索、故意毁坏财物、聚众斗殴、寻衅滋事，但也包括具有为非作恶、欺压百姓特征，主要以暴力、威胁为手段的其他违法犯罪活动。

恶势力还可能伴随实施开设赌场、组织卖淫、强迫卖淫、贩卖毒品、运输毒品、制造毒品、抢劫、抢夺、聚众扰乱社会秩序、聚众扰乱公共场所秩序、交通秩序以及聚众"打砸抢"等违法犯罪活动，但仅有前述伴随实施的违法犯罪活动，且不能认定具有为非作恶、欺压百姓特征的，一般不应认定为恶势力。

9. 办理恶势力刑事案件，"多次实施违法犯罪活动"至少应包括1次犯罪活动。对于反复实施强迫交易、非法拘禁、敲诈勒索、寻衅滋事等单一性质的违法行为，单次情节、数额尚不构成犯罪，但按照刑法或者有关司法解释、规范性文件的规定累加后应作为犯罪处理的，在认定是否属于"多次实施违法犯罪活动"时，可将已用于累加的违法行为计为1次犯罪活动，其他违法行为单独计算违法活动的次数。

已被处理或者已作为民间纠纷调处，后经查证确属恶势力违法犯罪活动的，均可以作为认定恶势力的事实依据，但不符合法定情形的，不得重新追究法律责任。

10. 认定"扰乱经济、社会生活秩序，造成较为恶劣的社会影响"，应当结合侵害对象及其数量、违法犯罪次数、手段、规模、人身损害后果、经济损失数额、违法所得数额、引起社会秩序混乱的程度以及对人民群众安全感的影响程度等因素综合把握。

11. 恶势力犯罪集团，是指符合恶势力全部认定条件，同时又符合犯罪集团法定条件的犯罪组织。

恶势力犯罪集团的首要分子，是指在恶势力犯罪集团中起组织、策划、指挥作用的犯罪分子。恶势力犯罪集团的其他成员，是指知道或者应当知道是为共同实施犯罪而组成的较为固定的犯罪组织，仍接受首要分子领导、管理、指挥，并参与该组织犯罪活动的犯罪分子。

恶势力犯罪集团应当有组织地实施多次犯罪活动，同时还可能伴随实施违法活动。恶势力犯罪集团所实施的违法犯罪活动，参照《指导意见》第十条第二款的规定认定。

12. 全部成员或者首要分子、纠集者以及其他重要成员均为未成年人、老年人、残疾人的，认定恶势力、恶势力犯罪集团时应当特别慎重。

三、正确运用宽严相济刑事政策的有关要求

13. 对于恶势力的纠集者、恶势力犯罪集团的首要分子、重要成员以及恶势力、恶势力犯罪集团共同犯罪中罪责严重的主犯，要正确运用法律规定加大惩处力度，对依法应当判处重刑或死刑的，坚决判处重刑或死刑。同时要严格掌握取保候审，严格掌握不起诉，严格掌握缓刑、减刑、假释，严格掌握保外就医适用条件，充分利用资格刑、财产刑等法律手段全方位从严惩处。对于符合刑法第三十七条之一规定的，可以依法禁止其从事相关职业。

对于恶势力、恶势力犯罪集团的其他成员，在共同犯罪中罪责相对较小、人身危险性、主观恶性相对不大的，具有自首、立功、坦白、初犯等法定或酌定从宽处罚情节，可以依法从轻、减轻或免除处罚。认罪认罚或者仅参与实施少量的犯罪活动且只起次要、辅助作用，符合缓刑条件的，可以适用缓刑。

14. 恶势力犯罪集团的首要分子检举揭发与该犯罪集团及其违法犯罪活动有关联的其他犯罪线索，如果在认定立功的问题上存在事实、证据或法律适用方面的争议，应当严格把握。依法应认定为立功或者重大立功的，在决定是否从宽处罚、如何从宽处罚时，应当根据罪责刑相一致原则从严掌握。可能导致全案量刑明显失衡的，不予从宽处罚。

恶势力犯罪集团的其他成员如果能够配合司法机关查办案件，有提供线索、帮助收集证据或者其他协助行为，并在侦破恶势力犯罪集团案件、查处"保护伞"等方面起到较大作用的，即使依法不能认定立功，一般也应酌情对其从轻处罚。

15. 犯罪嫌疑人、被告人同时具有法定、酌定从严和法定、酌定从宽处罚情节的，量刑时要根据所犯具体罪行的严重程度，结合被告人在恶势力、恶势力犯罪集团中的地位、作用、主观恶性、人身危险性等因素整体把握。对于恶势力的纠集者、恶势力犯罪集团的首要分子、重要成员，量刑时要体现总体从严。对于在共同犯罪中罪责相对较小、人身危险性、主观恶性相对不大，且能够真诚认罪悔罪的其他成员，量刑时要体现总体从宽。

16. 恶势力刑事案件的犯罪嫌疑人、被告人自愿如实供述自己的罪行，承认指控的犯罪事实，愿意接受处罚的，可以依法从宽处理，并适用认罪认罚从宽制度。对于犯罪性质恶劣、犯罪手段残忍、社会危害严重的犯罪嫌疑人、被告人，虽然认罪认罚，但不足以从轻处罚的，不适用该制度。

四、办理恶势力刑事案件的其他问题

17. 人民法院、人民检察院、公安机关经审查认为案件符合恶势力认定标准的，应当在起诉意见书、起诉书、判决书、裁定书等法律文书中的案件事实部分明确表述，列明恶势力的纠集者、其他成员、违法犯罪事实以及据以认定的证据；符合恶势力犯罪集团认定标准的，应当在上述法律文书中明确定性，列明首要分子、其他成员、违法犯罪事实以及据以认定的证据，并引用刑法总则关于犯罪集团的相关规定。被告人及其辩护人对恶势力定性提出辩解和辩护意见，人民法院可以在裁判文书中予以评析回应。

恶势力刑事案件的起诉意见书、起诉书、判决书、裁定书等法律文书，可以在案件事实部分先概述恶势力、恶势力犯罪集团的概括事实，再分述具体的恶势力违法犯罪事实。

18. 对于公安机关未在起诉意见书中明确认定，人民检察院在审查起诉期间发现构成恶势力或者恶势力犯罪集团，且相关违法犯罪事实已经查清，证据确实、充分，依法应追究刑事责任的，应当作出起诉决定，根据查明的事实向人民法院提起公诉，并在起诉书中明确认定为恶势力或者恶势力犯罪集团。人民检察院认为恶势力相关违法犯罪事实不清、证据不足，或者存在遗漏恶势力违法犯罪事实、遗漏同案犯罪嫌疑人等情形需要补充侦查的，应当提出具体的书面意见，连同案卷材料一并退回公安机关补充侦查；人民检察院也可以自行侦查，必要时可以要求公安机关提供协助。

对于人民检察院未在起诉书中明确认定，人民法院在审判期间发现构成恶势力或恶势力犯罪集团的，可以建议人民检察院补充或者变更起诉；人民检察院不同意或者在七日内未回复意见的，人民法院不应主动认定，可仅就起诉指控的犯罪事实依照相关规定作出判决、裁定。

审理被告人或者被告人的法定代理人、辩护人、近亲属上诉的案件时，一审判决认定黑社会性质组织有误的，二审法院应当纠正，符合恶势力、恶势力犯罪集团认定标准，应当作出相应认定；一审判决认定恶势力或恶势力犯罪集团有误的，应当纠正，但不得升格认定；一审判决未认定恶势力或恶势力犯罪集团的，不得增加认定。

19. 公安机关、人民检察院、人民法院应当分别以起诉意见书、起诉书、裁判文书所明确的恶势力、恶势力犯罪集团，作为相关数据的统计依据。

20. 本意见自 2019 年 4 月 9 日起施行。

最高人民法院、最高人民检察院、公安部、司法部关于办理实施"软暴力"的刑事案件若干问题的意见

（2019 年 4 月 9 日）

为深入贯彻落实中央关于开展扫黑除恶专项斗争的决策部署，正确理解和适用最高人民法院、最高人民检察院、公安部、司法部《关于办理黑恶势力犯罪案件若干问题的指导意见》（法发〔2018〕1 号，以下简称《指导意见》）关于对依法惩处采用"软暴力"实施犯罪的规定，依法办理相关犯罪案件，根据《刑法》《刑事诉讼法》及有关司法解释、规范性文件，提出如下意见：

一、"软暴力"是指行为人为谋取不法利益或形成非法影响，对他人或者在有关场所进行滋扰、纠缠、哄闹、聚众造势等，足以使他人产生恐惧、恐慌进而形成心理强制，或者足以影响、限制人身自由、危及人身财产安全，影响正常生活、工作、生产、经营的违法犯罪手段。

二、"软暴力"违法犯罪手段通常的表现形式有：

（一）侵犯人身权利、民主权利、财产权利的手段，包括但不限于跟踪贴靠、扬言传播疾病、揭发隐私、恶意举报、诬告陷害、破坏、霸占财物等；

（二）扰乱正常生活、工作、生产、经营秩序的手段，包括但不限于非法侵入他人住宅、破坏生活设施、设置生活障碍、贴报喷字、

拉挂横幅、燃放鞭炮、播放哀乐、摆放花圈、泼洒污物、断水断电、堵门阻工，以及通过驱赶从业人员、派驻人员据守等方式直接或间接地控制厂房、办公区、经营场所等；

（三）扰乱社会秩序的手段，包括但不限于摆场架势示威、聚众哄闹滋扰、拦路闹事等；

（四）其他符合本意见第一条规定的"软暴力"手段。

通过信息网络或者通讯工具实施，符合本意见第一条规定的违法犯罪手段，应当认定为"软暴力"。

三、行为人实施"软暴力"，具有下列情形之一，可以认定为足以使他人产生恐惧、恐慌进而形成心理强制或者足以影响、限制人身自由、危及人身财产安全或者影响正常生活、工作、生产、经营：

（一）黑恶势力实施的；

（二）以黑恶势力名义实施的；

（三）曾因组织、领导、参加黑社会性质组织、恶势力犯罪集团、恶势力以及因强迫交易、非法拘禁、敲诈勒索、聚众斗殴、寻衅滋事等犯罪受过刑事处罚后又实施的；

（四）携带凶器实施的；

（五）有组织地实施的或者足以使他人认为暴力、威胁具有现实可能性的；

（六）其他足以使他人产生恐惧、恐慌进而形成心理强制或者足以影响、限制人身自由、危及人身财产安全或者影响正常生活、工作、生产、经营的情形。

由多人实施的，编造或明示暴力违法犯罪经历进行恐吓的，或者以自报组织、头目名号、统一着装、显露纹身、特殊标识以及其他明示、暗示方式，足以使他人感知相关行为的有组织性的，应当认定为"以黑恶势力名义实施"。

由多人实施的，只要有部分行为人符合本条第一款第（一）项至第（四）项所列情形的，该项即成立。

虽然具体实施"软暴力"的行为人不符合本条第一款第（一）

项、第（三）项所列情形，但雇佣者、指使者或者纠集者符合的，该项成立。

四、"软暴力"手段属于《刑法》第二百九十四条第五款第（三）项"黑社会性质组织行为特征"以及《指导意见》第14条"恶势力"概念中的"其他手段"。

五、采用"软暴力"手段，使他人产生心理恐惧或者形成心理强制，分别属于《刑法》第二百二十六条规定的"威胁"、《刑法》第二百九十三条第一款第（二）项规定的"恐吓"，同时符合其他犯罪构成要件的，应当分别以强迫交易罪、寻衅滋事罪定罪处罚。

《关于办理寻衅滋事刑事案件适用法律若干问题的解释》第二条至第四条中的"多次"一般应当理解为二年内实施寻衅滋事行为三次以上。三次以上寻衅滋事行为既包括同一类别的行为，也包括不同类别的行为；既包括未受行政处罚的行为，也包括已受行政处罚的行为。

六、有组织地多次短时间非法拘禁他人的，应当认定为《刑法》第二百三十八条规定的"以其他方法非法剥夺他人人身自由"。非法拘禁他人三次以上、每次持续时间在四小时以上，或者非法拘禁他人累计时间在十二小时以上的，应当以非法拘禁罪定罪处罚。

七、以"软暴力"手段非法进入或者滞留他人住宅的，应当认定为《刑法》第二百四十五条规定的"非法侵入他人住宅"，同时符合其他犯罪构成要件的，应当以非法侵入住宅罪定罪处罚。

八、以非法占有为目的，采用"软暴力"手段强行索取公私财物，同时符合《刑法》第二百七十四条规定的其他犯罪构成要件的，应当以敲诈勒索罪定罪处罚。

《关于办理敲诈勒索刑事案件适用法律若干问题的解释》第三条中"二年内敲诈勒索三次以上"，包括已受行政处罚的行为。

九、采用"软暴力"手段，同时构成两种以上犯罪的，依法按照处罚较重的犯罪定罪处罚，法律另有规定的除外。

十、根据本意见第五条、第八条规定，对已受行政处罚的行为追究刑事责任的，行为人先前所受的行政拘留处罚应当折抵刑期，罚款应当抵扣罚金。

十一、雇佣、指使他人采用"软暴力"手段强迫交易、敲诈勒索，构成强迫交易罪、敲诈勒索罪的，对雇佣者、指使者，一般应当以共同犯罪中的主犯论处。

为强索不受法律保护的债务或者因其他非法目的，雇佣、指使他人采用"软暴力"手段非法剥夺他人人身自由构成非法拘禁罪，或者非法侵入他人住宅、寻衅滋事，构成非法侵入住宅罪、寻衅滋事罪的，对雇佣者、指使者，一般应当以共同犯罪中的主犯论处；因本人及近亲属合法债务、婚恋、家庭、邻里纠纷等民间矛盾而雇佣、指使，没有造成严重后果的，一般不作为犯罪处理，但经有关部门批评制止或者处理处罚后仍继续实施的除外。

十二、本意见自 2019 年 4 月 9 日起施行。

最高人民法院、最高人民检察院、公安部、司法部关于办理"套路贷"刑事案件若干问题的意见

（2019 年 4 月 9 日）

为持续深入开展扫黑除恶专项斗争，准确甄别和依法严厉惩处"套路贷"违法犯罪分子，根据刑法、刑事诉讼法、有关司法解释以及最高人民法院、最高人民检察院、公安部、司法部《关于办理黑恶势力犯罪案件若干问题的指导意见》等规范性文件的规定，现对办理"套路贷"刑事案件若干问题提出如下意见：

一、准确把握"套路贷"与民间借贷的区别

1. "套路贷"，是对以非法占有为目的，假借民间借贷之名，诱

使或迫使被害人签订"借贷"或变相"借贷""抵押""担保"等相关协议，通过虚增借贷金额、恶意制造违约、肆意认定违约、毁匿还款证据等方式形成虚假债权债务，并借助诉讼、仲裁、公证或者采用暴力、威胁以及其他手段非法占有被害人财物的相关违法犯罪活动的概括性称谓。

2. "套路贷"与平等主体之间基于意思自治而形成的民事借贷关系存在本质区别，民间借贷的出借人是为了到期按照协议约定的内容收回本金并获取利息，不具有非法占有他人财物的目的，也不会在签订、履行借贷协议过程中实施虚增借贷金额、制造虚假给付痕迹、恶意制造违约、肆意认定违约、毁匿还款证据等行为。

司法实践中，应当注意非法讨债引发的案件与"套路贷"案件的区别，犯罪嫌疑人、被告人不具有非法占有目的，也未使用"套路"与借款人形成虚假债权债务，不应视为"套路贷"。因使用暴力、威胁以及其他手段强行索债构成犯罪的，应当根据具体案件事实定罪处罚。

3. 实践中，"套路贷"的常见犯罪手法和步骤包括但不限于以下情形：

（1）制造民间借贷假象。犯罪嫌疑人、被告人往往以"小额贷款公司""投资公司""咨询公司""担保公司""网络借贷平台"等名义对外宣传，以低息、无抵押、无担保、快速放款等为诱饵吸引被害人借款，继而以"保证金""行规"等虚假理由诱使被害人基于错误认识签订金额虚高的"借贷"协议或相关协议。有的犯罪嫌疑人、被告人还会以被害人先前借贷违约等理由，迫使对方签订金额虚高的"借贷"协议或相关协议。

（2）制造资金走账流水等虚假给付事实。犯罪嫌疑人、被告人按照虚高的"借贷"协议金额将资金转入被害人账户，制造已将全部借款交付被害人的银行流水痕迹，随后便采取各种手段将其中全部或者部分资金收回，被害人实际上并未取得或者完全取得"借贷"协议、银行流水上显示的钱款。

（3）故意制造违约或者肆意认定违约。犯罪嫌疑人、被告人往往会以设置违约陷阱、制造还款障碍等方式，故意造成被害人违约，或者通过肆意认定违约，强行要求被害人偿还虚假债务。

（4）恶意垒高借款金额。当被害人无力偿还时，有的犯罪嫌疑人、被告人会安排其所属公司或者指定的关联公司、关联人员为被害人偿还"借款"，继而与被害人签订金额更大的虚高"借贷"协议或相关协议，通过这种"转单平账""以贷还贷"的方式不断垒高"债务"。

（5）软硬兼施"索债"。在被害人未偿还虚高"借款"的情况下，犯罪嫌疑人、被告人借助诉讼、仲裁、公证或者采用暴力、威胁以及其他手段向被害人或者被害人的特定关系人索取"债务"。

二、依法严惩"套路贷"犯罪

4. 实施"套路贷"过程中，未采用明显的暴力或者威胁手段，其行为特征从整体上表现为以非法占有为目的，通过虚构事实、隐瞒真相骗取被害人财物的，一般以诈骗罪定罪处罚；对于在实施"套路贷"过程中多种手段并用，构成诈骗、敲诈勒索、非法拘禁、虚假诉讼、寻衅滋事、强迫交易、抢劫、绑架等多种犯罪的，应当根据具体案件事实，区分不同情况，依照刑法及有关司法解释的规定数罪并罚或者择一重处。

5. 多人共同实施"套路贷"犯罪，犯罪嫌疑人、被告人在所参与的犯罪中起主要作用的，应当认定为主犯，对其参与或组织、指挥的全部犯罪承担刑事责任；起次要或辅助作用的，应当认定为从犯。

明知他人实施"套路贷"犯罪，具有以下情形之一的，以相关犯罪的共犯论处，但刑法和司法解释等另有规定的除外：

（1）组织发送"贷款"信息、广告，吸引、介绍被害人"借款"的；

（2）提供资金、场所、银行卡、账号、交通工具等帮助的；

（3）出售、提供、帮助获取公民个人信息的；

（4）协助制造走账记录等虚假给付事实的；

（5）协助办理公证的；

（6）协助以虚假事实提起诉讼或者仲裁的；

（7）协助套现、取现、办理动产或不动产过户等，转移犯罪所得及其产生的收益的；

（8）其他符合共同犯罪规定的情形。

上述规定中的"明知他人实施'套路贷'犯罪"，应当结合行为人的认知能力、既往经历、行为次数和手段、与同案人、被害人的关系、获利情况、是否曾因"套路贷"受过处罚、是否故意规避查处等主客观因素综合分析认定。

6. 在认定"套路贷"犯罪数额时，应当与民间借贷相区别，从整体上予以否定性评价，"虚高债务"和以"利息""保证金""中介费""服务费""违约金"等名目被犯罪嫌疑人、被告人非法占有的财物，均应计入犯罪数额。

犯罪嫌疑人、被告人实际给付被害人的本金数额，不计入犯罪数额。

已经着手实施"套路贷"，但因意志以外原因未得逞的，可以根据相关罪名所涉及的刑法、司法解释规定，按照已着手非法占有的财物数额认定犯罪未遂。既有既遂，又有未遂，犯罪既遂部分与未遂部分分别对应不同法定刑幅度的，应当先决定对未遂部分是否减轻处罚，确定未遂部分对应的法定刑幅度，再与既遂部分对应的法定刑幅度进行比较，选择处罚较重的法定刑幅度，并酌情从重处罚；二者在同一量刑幅度的，以犯罪既遂酌情从重处罚。

7. 犯罪嫌疑人、被告人实施"套路贷"违法所得的一切财物，应当予以追缴或者责令退赔；对被害人的合法财产，应当及时返还。有证据证明是犯罪嫌疑人、被告人为实施"套路贷"而交付给被害人的本金，赔偿被害人损失后如有剩余，应依法予以没收。

犯罪嫌疑人、被告人已将违法所得的财物用于清偿债务、转让或者设置其他权利负担，具有下列情形之一的，应当依法追缴：

（1）第三人明知是违法所得财物而接受的；

（2）第三人无偿取得或者以明显低于市场的价格取得违法所得财物的；

（3）第三人通过非法债务清偿或者违法犯罪活动取得违法所得财物的；

（4）其他应当依法追缴的情形。

8. 以老年人、未成年人、在校学生、丧失劳动能力的人为对象实施"套路贷"，或者因实施"套路贷"造成被害人或其特定关系人自杀、死亡、精神失常、为偿还"债务"而实施犯罪活动的，除刑法、司法解释另有规定的外，应当酌情从重处罚。

在坚持依法从严惩处的同时，对于认罪认罚、积极退赃、真诚悔罪或者具有其他法定、酌定从轻处罚情节的被告人，可以依法从宽处罚。

9. 对于"套路贷"犯罪分子，应当根据其所触犯的具体罪名，依法加大财产刑适用力度。符合刑法第三十七条之一规定的，可以依法禁止从事相关职业。

10. 三人以上为实施"套路贷"而组成的较为固定的犯罪组织，应当认定为犯罪集团。对首要分子应按照集团所犯全部罪行处罚。

符合黑恶势力认定标准的，应当按照黑社会性质组织、恶势力或者恶势力犯罪集团侦查、起诉、审判。

三、依法确定"套路贷"刑事案件管辖

11. "套路贷"犯罪案件一般由犯罪地公安机关侦查，如果由犯罪嫌疑人居住地公安机关立案侦查更为适宜的，可以由犯罪嫌疑人居住地公安机关立案侦查。犯罪地包括犯罪行为发生地和犯罪结果发生地。

"犯罪行为发生地"包括为实施"套路贷"所设立的公司所在地、"借贷"协议或相关协议签订地、非法讨债行为实施地、为实施"套路贷"而进行诉讼、仲裁、公证的受案法院、仲裁委员会、公证机构所在地，以及"套路贷"行为的预备地、开始地、途经地、结束地等。

"犯罪结果发生地"包括违法所得财物的支付地、实际取得地、藏匿地、转移地、使用地、销售地等。

除犯罪地、犯罪嫌疑人居住地外,其他地方公安机关对于公民扭送、报案、控告、举报或者犯罪嫌疑人自首的"套路贷"犯罪案件,都应当立即受理,经审查认为有犯罪事实的,移送有管辖权的公安机关处理。

黑恶势力实施的"套路贷"犯罪案件,由侦办黑社会性质组织、恶势力或者恶势力犯罪集团案件的公安机关进行侦查。

12. 具有下列情形之一的,有关公安机关可以在其职责范围内并案侦查:

(1) 一人犯数罪的;

(2) 共同犯罪的;

(3) 共同犯罪的犯罪嫌疑人还实施其他犯罪的;

(4) 多个犯罪嫌疑人实施的犯罪存在直接关联,并案处理有利于查明案件事实的。

13. 本意见自 2019 年 4 月 9 日起施行。

最高人民法院、最高人民检察院、公安部、司法部关于办理黑恶势力刑事案件中财产处置若干问题的意见

(2019 年 4 月 9 日)

为认真贯彻中央关于开展扫黑除恶专项斗争的重大决策部署,彻底铲除黑恶势力犯罪的经济基础,根据刑法、刑事诉讼法及最高人民法院、最高人民检察院、公安部、司法部《关于办理黑恶势力犯罪案件若干问题的指导意见》(法发〔2018〕1 号)等规定,现对

办理黑恶势力刑事案件中财产处置若干问题提出如下意见：

一、总体工作要求

1. 公安机关、人民检察院、人民法院在办理黑恶势力犯罪案件时，在查明黑恶势力组织违法犯罪事实并对黑恶势力成员依法定罪量刑的同时，要全面调查黑恶势力组织及其成员的财产状况，依法对涉案财产采取查询、查封、扣押、冻结等措施，并根据查明的情况，依法作出处理。

前款所称处理既包括对涉案财产中犯罪分子违法所得、违禁品、供犯罪所用的本人财物以及其他等值财产等依法追缴、没收，也包括对被害人的合法财产等依法返还。

2. 对涉案财产采取措施，应当严格依照法定条件和程序进行。严禁在立案之前查封、扣押、冻结财物。凡查封、扣押、冻结的财物，都应当及时进行审查，防止因程序违法、工作瑕疵等影响案件审理以及涉案财产处置。

3. 对涉案财产采取措施，应当为犯罪嫌疑人、被告人及其所扶养的亲属保留必需的生活费用和物品。

根据案件具体情况，在保证诉讼活动正常进行的同时，可以允许有关人员继续合理使用有关涉案财产，并采取必要的保值保管措施，以减少案件办理对正常办公和合法生产经营的影响。

4. 要彻底摧毁黑社会性质组织的经济基础，防止其死灰复燃。对于组织者、领导者一般应当并处没收个人全部财产。对于确属骨干成员或者为该组织转移、隐匿资产的积极参加者，可以并处没收个人全部财产。对于其他组织成员，应当根据所参与实施违法犯罪活动的次数、性质、地位、作用、违法所得数额以及造成损失的数额等情节，依法决定财产刑的适用。

5. 要深挖细查并依法打击黑恶势力组织进行的洗钱以及掩饰、隐瞒犯罪所得、犯罪所得收益等转变涉案财产性质的关联犯罪。

二、依法采取措施全面收集证据

6. 公安机关侦查期间，要根据《公安机关办理刑事案件适用查封、冻结措施相关规定》（公通字〔2013〕30号）等有关规定，会同有关部门全面调查黑恶势力及其成员的财产状况，并可以根据诉讼需要，先行依法对下列财产采取查询、查封、扣押、冻结等措施：

（1）黑恶势力组织的财产；

（2）犯罪嫌疑人个人所有的财产；

（3）犯罪嫌疑人实际控制的财产；

（4）犯罪嫌疑人出资购买的财产；

（5）犯罪嫌疑人转移至他人名下的财产；

（6）犯罪嫌疑人涉嫌洗钱以及掩饰、隐瞒犯罪所得、犯罪所得收益等犯罪涉及的财产；

（7）其他与黑恶势力组织及其违法犯罪活动有关的财产。

7. 查封、扣押、冻结已登记的不动产、特定动产及其他财产，应当通知有关登记机关，在查封、扣押、冻结期间禁止被查封、扣押、冻结的财产流转，不得办理被查封、扣押、冻结财产权属变更、抵押等手续。必要时可以提取有关产权证照。

8. 公安机关对于采取措施的涉案财产，应当全面收集证明其来源、性质、用途、权属及价值的有关证据，审查判断是否应当依法追缴、没收。

证明涉案财产来源、性质、用途、权属及价值的有关证据一般包括：

（1）犯罪嫌疑人、被告人关于财产来源、性质、用途、权属、价值的供述；

（2）被害人、证人关于财产来源、性质、用途、权属、价值的陈述、证言；

（3）财产购买凭证、银行往来凭证、资金注入凭证、权属证明等书证；

（4）财产价格鉴定、评估意见；

（5）可以证明财产来源、性质、用途、权属、价值的其他证据。

9. 公安机关对应当依法追缴、没收的财产中黑恶势力组织及其成员聚敛的财产及其孳息、收益的数额，可以委托专门机构评估；确实无法准确计算的，可以根据有关法律规定及查明的事实、证据合理估算。

人民检察院、人民法院对于公安机关委托评估、估算的数额有不同意见的，可以重新委托评估、估算。

10. 人民检察院、人民法院根据案件诉讼的需要，可以依法采取上述相关措施。

三、准确处置涉案财产

11. 公安机关、人民检察院应当加强对在案财产审查甄别。在移送审查起诉、提起公诉时，一般应当对采取措施的涉案财产提出处理意见建议，并将采取措施的涉案财产及其清单随案移送。

人民检察院经审查，除对随案移送的涉案财产提出处理意见外，还需要对继续追缴的尚未被足额查封、扣押的其他违法所得提出处理意见建议。

涉案财产不宜随案移送的，应当按照相关法律、司法解释的规定，提供相应的清单、照片、录像、封存手续、存放地点说明、鉴定、评估意见、变价处理凭证等材料。

12. 对于不宜查封、扣押、冻结的经营性财产，公安机关、人民检察院、人民法院可以申请当地政府指定有关部门或者委托有关机构代管或者托管。

对易损毁、灭失、变质等不宜长期保存的物品，易贬值的汽车、船艇等物品，或者市场价格波动大的债券、股票、基金等财产，有效期即将届满的汇票、本票、支票等，经权利人同意或者申请，并经县级以上公安机关、人民检察院或者人民法院主要负责人批准，可以依法出售、变现或者先行变卖、拍卖，所得价款由扣押、冻结机关保管，并及时告知当事人或者其近亲属。

13. 人民检察院在法庭审理时应当对证明黑恶势力犯罪涉案财产情况进行举证质证，对于既能证明具体个罪又能证明经济特征的涉案财产情况相关证据在具体个罪中出示后，在经济特征中可以简要说明，不再重复出示。

14. 人民法院作出的判决，除应当对随案移送的涉案财产作出处理外，还应当在判决书中写明需要继续追缴尚未被足额查封、扣押的其他违法所得；对随案移送财产进行处理时，应当列明相关财产的具体名称、数量、金额、处置情况等。涉案财产或者有关当事人数较多，不宜在判决书正文中详细列明的，可以概括叙述并另附清单。

15. 涉案财产符合下列情形之一的，应当依法追缴、没收：

（1）黑恶势力组织及其成员通过违法犯罪活动或者其他不正当手段聚敛的财产及其孳息、收益；

（2）黑恶势力组织成员通过个人实施违法犯罪活动聚敛的财产及其孳息、收益；

（3）其他单位、组织、个人为支持该黑恶势力组织活动资助或者主动提供的财产；

（4）黑恶势力组织及其成员通过合法的生产、经营活动获取的财产或者组织成员个人、家庭合法财产中，实际用于支持该组织活动的部分；

（5）黑恶势力组织成员非法持有的违禁品以及供犯罪所用的本人财物；

（6）其他单位、组织、个人利用黑恶势力组织及其成员违法犯罪活动获取的财产及其孳息、收益；

（7）其他应当追缴、没收的财产。

16. 应当追缴、没收的财产已用于清偿债务或者转让、或者设置其他权利负担，具有下列情形之一的，应当依法追缴：

（1）第三人明知是违法犯罪所得而接受的；

（2）第三人无偿或者以明显低于市场的价格取得涉案财物的；

（3）第三人通过非法债务清偿或者违法犯罪活动取得涉案财物的；

（4）第三人通过其他方式恶意取得涉案财物的。

17. 涉案财产符合下列情形之一的，应当依法返还：

（1）有证据证明确属被害人合法财产；

（2）有证据证明确与黑恶势力及其违法犯罪活动无关。

18. 有关违法犯罪事实查属实后，对于有证据证明权属明确且无争议的被害人、善意第三人或者其他人员合法财产及其孳息，凡返还不损害其他利害关系人的利益，不影响案件正常办理的，应当在登记、拍照或者录像后，依法及时返还。

四、依法追缴、没收其他等值财产

19. 有证据证明依法应当追缴、没收的涉案财产无法找到、被他人善意取得、价值灭失或者与其他合法财产混合且不可分割的，可以追缴、没收其他等值财产。

对于证明前款各种情形的证据，公安机关或者人民检察院应当及时调取。

20. 本意见第19条所称"财产无法找到"，是指有证据证明存在依法应当追缴、没收的财产，但无法查证财产去向、下落的。被告人有不同意见的，应当出示相关证据。

21. 追缴、没收的其他等值财产的数额，应当与无法直接追缴、没收的具体财产的数额相对应。

五、其他

22. 本意见所称孳息，包括天然孳息和法定孳息。

本意见所称收益，包括但不限于以下情形：

（1）聚敛、获取的财产直接产生的收益，如使用聚敛、获取的财产购买彩票中奖所得收益等；

（2）聚敛、获取的财产用于违法犯罪活动产生的收益，如使用聚敛、获取的财产赌博赢利所得收益、非法放贷所得收益、购买并贩卖毒品所得收益等；

（3）聚敛、获取的财产投资、置业形成的财产及其收益；

（4）聚敛、获取的财产和其他合法财产共同投资或者置业形成的财产中，与聚敛、获取的财产对应的份额及其收益；

（5）应当认定为收益的其他情形。

23. 本意见未规定的黑恶势力刑事案件财产处置工作其他事宜，根据相关法律法规、司法解释等规定办理。

24. 本意见自 2019 年 4 月 9 日起施行。

最高人民法院、最高人民检察院、公安部、司法部关于办理利用信息网络实施黑恶势力犯罪刑事案件若干问题的意见

（2019 年 7 月 23 日）

为认真贯彻中央关于开展扫黑除恶专项斗争的部署要求，正确理解和适用最高人民法院、最高人民检察院、公安部、司法部《关于办理黑恶势力犯罪案件若干问题的指导意见》（法发〔2018〕1号，以下简称《指导意见》），根据刑法、刑事诉讼法、网络安全法及有关司法解释、规范性文件的规定，现对办理利用信息网络实施黑恶势力犯罪案件若干问题提出以下意见：

一、总体要求

1. 各级人民法院、人民检察院、公安机关及司法行政机关应当统一执法思想、提高执法效能，坚持"打早打小"，坚决依法严厉惩处利用信息网络实施的黑恶势力犯罪，有效维护网络安全和经济、社会生活秩序。

2. 各级人民法院、人民检察院、公安机关及司法行政机关应当正确运用法律，严格依法办案，坚持"打准打实"，认真贯彻落实宽严相济刑事政策，切实做到宽严有据、罚当其罪，实现政治效果、法律效果和社会效果的统一。

3. 各级人民法院、人民检察院、公安机关及司法行政机关应当分工负责，互相配合、互相制约，切实加强与相关行政管理部门的

协作，健全完善风险防控机制，积极营造线上线下社会综合治理新格局。

二、依法严惩利用信息网络实施的黑恶势力犯罪

4. 对通过发布、删除负面或虚假信息，发送侮辱性信息、图片，以及利用信息、电话骚扰等方式，威胁、要挟、恐吓、滋扰他人，实施黑恶势力违法犯罪的，应当准确认定，依法严惩。

5. 利用信息网络威胁他人，强迫交易，情节严重的，依照刑法第二百二十六条的规定，以强迫交易罪定罪处罚。

6. 利用信息网络威胁、要挟他人，索取公私财物，数额较大，或者多次实施上述行为的，依照刑法第二百七十四条的规定，以敲诈勒索罪定罪处罚。

7. 利用信息网络辱骂、恐吓他人，情节恶劣，破坏社会秩序的，依照刑法第二百九十三条第一款第二项的规定，以寻衅滋事罪定罪处罚。

编造虚假信息，或者明知是编造的虚假信息，在信息网络上散布，或者组织、指使人员在信息网络上散布，起哄闹事，造成公共秩序严重混乱的，依照刑法第二百九十三条第一款第四项的规定，以寻衅滋事罪定罪处罚。

8. 侦办利用信息网络实施的强迫交易、敲诈勒索等非法敛财类案件，确因被害人人数众多等客观条件的限制，无法逐一收集被害人陈述的，可以结合已收集的被害人陈述，以及经查证属实的银行账户交易记录、第三方支付结算账户交易记录、通话记录、电子数据等证据，综合认定被害人人数以及涉案资金数额等。

三、准确认定利用信息网络实施犯罪的黑恶势力

9. 利用信息网络实施违法犯罪活动，符合刑法、《指导意见》以及最高人民法院、最高人民检察院、公安部、司法部《关于办理恶势力刑事案件若干问题的意见》等规定的恶势力、恶势力犯罪集团、黑社会性质组织特征和认定标准的，应当依法认定为恶势力、恶势力犯罪集团、黑社会性质组织。

认定利用信息网络实施违法犯罪活动的黑社会性质组织时，应当依照刑法第二百九十四条第五款规定的"四个特征"进行综合审查判断，分析"四个特征"相互间的内在联系，根据在网络空间和现实社会中实施违法犯罪活动对公民人身、财产、民主权利和经济、社会生活秩序所造成的危害，准确评价，依法予以认定。

10. 认定利用信息网络实施违法犯罪的黑恶势力组织特征，要从违法犯罪的起因、目的，以及组织、策划、指挥、参与人员是否相对固定，组织形成后是否持续进行犯罪活动、是否有明确的职责分工、行为规范、利益分配机制等方面综合判断。利用信息网络实施违法犯罪的黑恶势力组织成员之间一般通过即时通讯工具、通讯群组、电子邮件、网盘等信息网络方式联络，对部分组织成员通过信息网络方式联络实施黑恶势力违法犯罪活动，即使相互未见面、彼此不熟识，不影响对组织特征的认定。

11. 利用信息网络有组织地通过实施违法犯罪活动或者其他手段获取一定数量的经济利益，用于违法犯罪活动或者支持该组织生存、发展的，应当认定为符合刑法第二百九十四条第五款第二项规定的黑社会性质组织经济特征。

12. 通过线上线下相结合的方式，有组织地多次利用信息网络实施违法犯罪活动，侵犯不特定多人的人身权利、民主权利、财产权利，破坏经济秩序、社会秩序的，应当认定为符合刑法第二百九十四条第五款第三项规定的黑社会性质组织行为特征。单纯通过线上方式实施的违法犯罪活动，且不具有为非作恶、欺压残害群众特征的，一般不应作为黑社会性质组织行为特征的认定依据。

13. 对利用信息网络实施黑恶势力犯罪非法控制和影响的"一定区域或者行业"，应当结合危害行为发生地或者危害行业的相对集中程度，以及犯罪嫌疑人、被告人在网络空间和现实社会中的控制和影响程度综合判断。虽然危害行为发生地、危害的行业比较分散，但涉案犯罪组织利用信息网络多次实施强迫交易、寻衅滋事、敲诈勒索等违法犯罪活动，在网络空间和现实社会造成重大影响，严重破坏经济、社会生活秩序的，应当认定为"在一定区域或者行业内，形成非法控制或者重大影响"。

四、利用信息网络实施黑恶势力犯罪案件管辖

14. 利用信息网络实施的黑恶势力犯罪案件管辖依照《关于办理黑社会性质组织犯罪案件若干问题的规定》和《关于办理网络犯罪案件适用刑事诉讼程序若干问题的意见》的有关规定确定，坚持以犯罪地管辖为主、被告人居住地管辖为辅的原则。

15. 公安机关可以依法对利用信息网络实施的黑恶势力犯罪相关案件并案侦查或者指定下级公安机关管辖，并案侦查或者由上级公安机关指定管辖的公安机关应当全面调查收集能够证明黑恶势力犯罪事实的证据，各涉案地公安机关应当积极配合。并案侦查或者由上级公安机关指定管辖的案件，需要提请批准逮捕、移送审查起诉、提起公诉的，由立案侦查的公安机关所在地的人民检察院、人民法院受理。

16. 人民检察院对于公安机关提请批准逮捕、移送审查起诉的利用信息网络实施的黑恶势力犯罪案件，人民法院对于已进入审判程序的利用信息网络实施的黑恶势力犯罪案件，被告人及其辩护人提出的管辖异议成立，或者办案单位发现没有管辖权的，受案人民检察院、人民法院经审查，可以依法报请与有管辖权的人民检察院、人民法院共同的上级人民检察院、人民法院指定管辖，不再自行移交。对于在审查批准逮捕阶段，上级检察机关已经指定管辖的案件，审查起诉工作由同一人民检察院受理。人民检察院、人民法院认为应当分案起诉、审理的，可以依法分案处理。

17. 公安机关指定下级公安机关办理利用信息网络实施的黑恶势力犯罪案件的，应当同时抄送同级人民检察院、人民法院。人民检察院认为需要依法指定审判管辖的，应当协商同级人民法院办理指定管辖有关事宜。

18. 本意见自 2019 年 10 月 21 日起施行。

最高人民法院、最高人民检察院、公安部、司法部关于跨省异地执行刑罚的黑恶势力罪犯坦白检举构成自首立功若干问题的意见

（2019年10月21日）

各省、自治区、直辖市高级人民法院、人民检察院、公安厅（局）、司法厅（局），新疆维吾尔自治区高级人民法院生产建设兵团分院、新疆生产建设兵团人民检察院、公安局、司法局、监狱管理局：

为认真贯彻落实中央开展扫黑除恶专项斗争的部署要求，根据刑法、刑事诉讼法和有关司法解释、规范性文件的规定，现对办理跨省异地执行刑罚的黑恶势力罪犯坦白交代本人犯罪和检举揭发他人犯罪案件提出如下意见：

一、总体工作要求

1. 人民法院、人民检察院、公安机关、监狱要充分认识黑恶势力犯罪的严重社会危害，在办理案件中加强沟通协调，促使黑恶势力罪犯坦白交代本人犯罪和检举揭发他人犯罪，进一步巩固和扩大扫黑除恶专项斗争成果。

2. 人民法院、人民检察院、公安机关、监狱在办理跨省异地执行刑罚的黑恶势力罪犯坦白、检举构成自首、立功案件中，应当贯彻宽严相济刑事政策，充分发挥职能作用，坚持依法办案，快办快结，保持密切配合，形成合力，实现政治效果、法律效果和社会效果的统一。

二、排查和移送案件线索

3. 监狱应当依法从严管理跨省异地执行刑罚的黑恶势力罪犯，

积极开展黑恶势力犯罪线索排查，加大政策宣讲力度，教育引导罪犯坦白交代司法机关还未掌握的本人其他犯罪行为，鼓励罪犯检举揭发他人犯罪行为。

4. 跨省异地执行刑罚的黑恶势力罪犯检举揭发他人犯罪行为、提供重要线索，或者协助司法机关抓捕其他犯罪嫌疑人的，各部门在办案中应当采取必要措施，保护罪犯及其近亲属人身和财产安全。

5. 跨省异地执行刑罚的黑恶势力罪犯坦白、检举的，监狱应当就基本犯罪事实、涉案人员和作案时间、地点等情况对罪犯进行询问，形成书面材料后报省级监狱管理机关。省级监狱管理机关根据案件性质移送原办案侦查机关所在地省级公安机关、人民检察院或者其他省级主管部门。

6. 原办案侦查机关所在地省级公安机关、人民检察院收到监狱管理机关移送的案件线索材料后，应当进行初步审查。经审查认为属于公安机关或者人民检察院管辖的，应当按照有关管辖的规定处理。经审查认为不属于公安机关或者人民检察院管辖的，应当及时退回移送的省级监狱管理机关，并书面说明理由。

三、办理案件程序

7. 办案侦查机关收到罪犯坦白、检举案件线索或者材料后，应当及时进行核实。依法不予立案的，应当说明理由，并将不予立案通知书送达罪犯服刑监狱。依法决定立案的，应当在立案后十日内，将立案情况书面告知罪犯服刑监狱。依法决定撤销案件的，应当将案件撤销情况书面告知罪犯服刑监狱。

8. 人民检察院审查起诉跨省异地执行刑罚的黑恶势力罪犯坦白、检举案件，依法决定不起诉的，应当在作出不起诉决定后十日内将有关情况书面告知罪犯服刑监狱。

9. 人民法院审理跨省异地执行刑罚的黑恶势力罪犯坦白案件，可以依法适用简易程序、速裁程序。有条件的地区，可以通过远程视频方式开庭审理。判决生效后十日内，人民法院应当向办案侦查机关和罪犯服刑监狱发出裁判文书。

10. 跨省异地执行刑罚的黑恶势力罪犯在服刑期间,检举揭发他人犯罪、提供重要线索,或者协助司法机关抓捕其他犯罪嫌疑人的,办案侦查机关应当在人民法院判决生效后十日内根据人民法院判决对罪犯是否构成立功或重大立功提出书面意见,与案件相关材料一并送交监狱。

11. 跨省异地执行刑罚的黑恶势力罪犯在原审判决生效前,检举揭发他人犯罪活动、提供重要线索,或者协助司法机关抓捕其他犯罪嫌疑人的,在原审判决生效后才被查证属实的,参照本意见第10条情形办理。

12. 跨省异地执行刑罚的黑恶势力罪犯检举揭发他人犯罪,构成立功或者重大立功的,监狱依法向人民法院提请减刑。对于检举他人犯罪行为基本属实,但未构成立功或者重大立功的,监狱可以根据有关规定给予日常考核奖励或者物质奖励。

13. 公安机关、人民检察院、人民法院认为需要提审跨省异地执行刑罚的黑恶势力罪犯的,提审人员应当持工作证等有效证件和县级以上公安机关、人民检察院、人民法院出具的介绍信等证明材料到罪犯服刑监狱进行提审。

14. 公安机关、人民检察院、人民法院认为需要将异地执行刑罚的黑恶势力罪犯跨省解回侦查、起诉、审判的,办案地省级公安机关、人民检察院、人民法院应当先将解回公函及相关材料送监狱所在地省级公安机关、人民检察院、人民法院审核。经审核确认无误的,监狱所在地省级公安机关、人民检察院、人民法院应当出具确认公函,与解回公函及材料一并转送监狱所在地省级监狱管理机关审批。监狱所在地省级监狱管理机关应当在收到上述材料后三日内作出是否批准的书面决定。批准将罪犯解回侦查、起诉、审判的,办案地公安机关、人民检察院、人民法院应当派员到监狱办理罪犯离监手续。案件办理结束后,除将罪犯依法执行死刑外,应当将罪犯押解回原服刑监狱继续服刑。

15. 本意见所称"办案侦查机关",是指依法对案件行使侦查权的公安机关、人民检察院。

最高人民法院、最高人民检察院、公安部、司法部关于敦促涉黑涉恶在逃人员投案自首的通告

(2019年11月4日)

为贯彻落实宽严相济刑事政策,依法惩处犯罪行为,维护社会安定,保护人民群众生命财产安全,同时给涉黑涉恶在逃犯罪嫌疑人、被告人(以下统称"在逃人员")改过自新、争取宽大处理的机会,根据《中华人民共和国刑法》《中华人民共和国刑事诉讼法》的有关规定,特通告如下:

一、在逃人员自本通告发布之日起至2020年1月31日前自动投案,如实供述自己的罪行的,是自首。可以依法从轻或者减轻处罚;犯罪情节较轻的,可以依法免除处罚。

二、由于客观原因,本人不能在规定期限内到司法机关投案的,可以委托他人代为投案。犯罪后逃跑,在被通缉、追捕过程中,主动投案的;经查实确已准备去投案,或者正在投案途中,被公安机关抓获的,视为自动投案。

三、在逃人员的亲友应当积极规劝其尽快投案自首。经亲友规劝、陪同投案的,或者亲友主动报案后将在逃人员送去投案的,视为自动投案。

四、在逃人员有检举、揭发他人犯罪行为,经查证属实的,以及提供重要线索,从而得以侦破其他案件,或者有积极协助司法机关抓获其他在逃人员等立功表现的,可以依法从轻或者减轻处罚;

有重大立功表现的，可以依法减轻或者免除处罚。

五、在逃人员要认清形势，珍惜机会，尽快投案自首，争取从宽处理。在规定期限内拒不投案自首的，司法机关将依法惩处。任何人不得为在逃人员提供隐藏处所、财物、交通工具，为其通风报信或者作假证明包庇，或者提供其他便利条件帮助其逃匿。经查证属实，构成犯罪的，将依法追究刑事责任。

六、凡知悉在逃人员情况、信息的公民，都有义务向司法机关检举揭发。司法机关将对检举揭发人员依法予以保护和保密。对威胁、报复举报人、控告人，构成犯罪的，依法追究刑事责任。举报黑恶犯罪线索、检举在逃人员情况，可扫码登录全国扫黑办 12337 智能化举报平台。

七、本通告自发布之日起施行。

最高人民法院、最高人民检察院、公安部、司法部关于依法严惩利用未成年人实施黑恶势力犯罪的意见

（2020 年 4 月 23 日）

扫黑除恶专项斗争开展以来，各级人民法院、人民检察院、公安机关和司法行政机关坚决贯彻落实中央部署，严格依法办理涉黑涉恶案件，取得了显著成效。近期，不少地方在办理黑恶势力犯罪案件时，发现一些未成年人被胁迫、利诱参与、实施黑恶势力犯罪，严重损害了未成年人健康成长，严重危害社会和谐稳定。为保护未成年人合法权益，依法从严惩治胁迫、教唆、引诱、欺骗等利用未成年人实施黑恶势力犯罪的行为，根据有关法律规定，制定本意见。

一、突出打击重点，依法严惩利用未成年人实施黑恶势力犯罪的行为

（一）黑社会性质组织、恶势力犯罪集团、恶势力，实施下列行为之一的，应当认定为"利用未成年人实施黑恶势力犯罪"：

1. 胁迫、教唆未成年人参加黑社会性质组织、恶势力犯罪集团、恶势力，或者实施黑恶势力违法犯罪活动的；

2. 拉拢、引诱、欺骗未成年人参加黑社会性质组织、恶势力犯罪集团、恶势力，或者实施黑恶势力违法犯罪活动的；

3. 招募、吸收、介绍未成年人参加黑社会性质组织、恶势力犯罪集团、恶势力，或者实施黑恶势力违法犯罪活动的；

4. 雇佣未成年人实施黑恶势力违法犯罪活动的；

5. 其他利用未成年人实施黑恶势力犯罪的情形。

黑社会性质组织、恶势力犯罪集团、恶势力，根据刑法和《最高人民法院、最高人民检察院、公安部、司法部关于办理黑恶势力犯罪案件若干问题的指导意见》《最高人民法院、最高人民检察院、公安部、司法部关于办理恶势力刑事案件若干问题的意见》等法律、司法解释性质文件的规定认定。

（二）利用未成年人实施黑恶势力犯罪，具有下列情形之一的，应当从重处罚：

1. 组织、指挥未成年人实施故意杀人、故意伤害致人重伤或者死亡、强奸、绑架、抢劫等严重暴力犯罪的；

2. 向未成年人传授实施黑恶势力犯罪的方法、技能、经验的；

3. 利用未达到刑事责任年龄的未成年人实施黑恶势力犯罪的；

4. 为逃避法律追究，让未成年人自首、做虚假供述顶罪的；

5. 利用留守儿童、在校学生实施犯罪的；

6. 利用多人或者多次利用未成年人实施犯罪的；

7. 针对未成年人实施违法犯罪的；

8. 对未成年人负有监护、教育、照料等特殊职责的人员利用未成年人实施黑恶势力违法犯罪活动的；

9. 其他利用未成年人违法犯罪应当从重处罚的情形。

（三）黑社会性质组织、恶势力犯罪集团利用未成年人实施犯罪的，对犯罪集团首要分子，按照集团所犯的全部罪行，从重处罚。对犯罪集团的骨干成员，按照其组织、指挥的犯罪，从重处罚。

恶势力利用未成年人实施犯罪的，对起组织、策划、指挥作用的纠集者，恶势力共同犯罪中罪责严重的主犯，从重处罚。

黑社会性质组织、恶势力犯罪集团、恶势力成员直接利用未成年人实施黑恶势力犯罪的，从重处罚。

（四）有胁迫、教唆、引诱等利用未成年人参加黑社会性质组织、恶势力犯罪集团、恶势力，或者实施黑恶势力犯罪的行为，虽然未成年人并没有加入黑社会性质组织、恶势力犯罪集团、恶势力，或者没有实际参与实施黑恶势力违法犯罪活动，对黑社会性质组织、恶势力犯罪集团、恶势力的首要分子、骨干成员、纠集者、主犯和直接利用的成员，即便有自首、立功、坦白等从轻减轻情节的，一般也不予从轻或者减轻处罚。

（五）被黑社会性质组织、恶势力犯罪集团、恶势力利用，偶尔参与黑恶势力犯罪活动的未成年人，按其所实施的具体犯罪行为定性，一般不认定为黑恶势力犯罪组织成员。

二、严格依法办案，形成打击合力

（一）人民法院、人民检察院、公安机关和司法行政机关要加强协作配合，对利用未成年人实施黑恶势力犯罪的，在侦查、起诉、审判、执行各阶段，要全面体现依法从严惩处精神，及时查明利用未成年人的犯罪事实，避免纠缠细枝末节。要加强对下指导，对利用未成年人实施黑恶势力犯罪的重特大案件，可以单独或者联合挂牌督办。对于重大疑难复杂和社会影响较大的案件，办案部门应当及时层报上级人民法院、人民检察院、公安机关和司法行政机关。

（二）公安机关要注意发现涉黑涉恶案件中利用未成年人犯罪的线索，落实以审判为中心的刑事诉讼制度改革要求，强化程序意识和证据意识，依法收集、固定和运用证据，并可以就案件性质、收集证据和适用法律等听取人民检察院意见建议。从严掌握取保候审、监视居住的适用，对利用未成年人实施黑恶势力犯罪的首要分子、骨干成员、纠集者、主犯和直接利用的成员，应当依法提请人民检察院批准逮捕。

（三）人民检察院要加强对利用未成年人实施黑恶势力犯罪案件的立案监督，发现应当立案而不立案的，应当要求公安机关说明理由，认为理由不能成立的，应当依法通知公安机关立案。对于利用未成年人实施黑恶势力犯罪的案件，人民检察院可以对案件性质、收集证据和适用法律等提出意见建议。对于符合逮捕条件的依法坚决批准逮捕，符合起诉条件的依法坚决起诉。不批准逮捕要求公安机关补充侦查、审查起诉阶段退回补充侦查的，应当分别制作详细的补充侦查提纲，写明需要补充侦查的事项、理由、侦查方向、需要补充收集的证据及其证明作用等，送交公安机关开展相关侦查补证活动。

（四）办理利用未成年人实施黑恶势力犯罪案件要将依法严惩与认罪认罚从宽有机结合起来。对利用未成年人实施黑恶势力犯罪的，人民检察院要考虑其利用未成年人的情节，向人民法院提出从严处罚的量刑建议。对于虽然认罪，但利用未成年人实施黑恶势力犯罪，犯罪性质恶劣、犯罪手段残忍、严重损害未成年人身心健康，不足以从宽处罚的，在提出量刑建议时要依法从严从重。对被黑恶势力利用实施犯罪的未成年人，自愿如实认罪、真诚悔罪，愿意接受处罚的，应当依法提出从宽处理的量刑建议。

（五）人民法院要对利用未成年人实施黑恶势力犯罪案件及时审判，从严处罚。严格掌握缓刑、减刑、假释的适用，严格掌握暂予监外执行的适用条件。依法运用财产刑、资格刑，最大限度铲除黑恶势力"经济基础"。对于符合刑法第三十七条之一规定的，应当依法禁止其从事相关职业。

三、积极参与社会治理，实现标本兼治

（一）认真落实边打边治边建要求，积极参与社会治理。深挖黑恶势力犯罪分子利用未成年人实施犯罪的根源，剖析重点行业领域监管漏洞，及时预警预判，及时通报相关部门、提出加强监管和行政执法的建议，从源头遏制黑恶势力向未成年人群体侵蚀蔓延。对被黑恶势力利用尚未实施犯罪的未成年人，要配合有关部门及早发现、及时挽救。对实施黑恶势力犯罪但未达到刑事责任年龄的未成年人，要通过落实家庭监护、强化学校教育管理、送入专门学校矫治、开展社会化帮教等措施做好教育挽救和犯罪预防工作。

（二）加强各职能部门协调联动，有效预防未成年人被黑恶势力利用。建立与共青团、妇联、教育等部门的协作配合工作机制，开展针对未成年人监护人的家庭教育指导、针对教职工的法治教育培训，教育引导未成年人远离违法犯罪。推动建立未成年人涉黑涉恶预警机制，及时阻断未成年人与黑恶势力的联系，防止未成年人被黑恶势力诱导利用。推动网信部门开展专项治理，加强未成年人网络保护。加强与街道、社区等基层组织的联系，重视和发挥基层组织在预防未成年人涉黑涉恶犯罪中的重要作用，进一步推进社区矫正机构对未成年社区矫正对象采取有针对性的矫正措施。

（三）开展法治宣传教育，为严惩利用未成年人实施黑恶势力犯罪营造良好社会环境。充分发挥典型案例的宣示、警醒、引领、示范作用，通过以案释法，选择典型案件召开新闻发布会，向社会公布严惩利用未成年人实施黑恶势力犯罪的经验和做法，揭露利用未成年人实施黑恶势力犯罪的严重危害性。加强重点青少年群体的法治教育，在黑恶势力犯罪案件多发的地区、街道、社区等，强化未成年人对黑恶势力违法犯罪行为的认识，提高未成年人防范意识和法治观念，远离黑恶势力及其违法犯罪。

国家监察委员会、最高人民法院、最高人民检察院、公安部、司法部关于在扫黑除恶专项斗争中分工负责、互相配合、互相制约严惩公职人员涉黑涉恶违法犯罪问题的通知

（2019年10月20日）

为认真贯彻党中央关于开展扫黑除恶专项斗争的重大决策部署，全面落实习近平总书记关于扫黑除恶与反腐败结合起来，与基层"拍蝇"结合起来的重要批示指示精神，进一步规范和加强各级监察机关、人民法院、人民检察院、公安机关、司法行政机关在惩治公职人员涉黑涉恶违法犯罪中的协作配合，推动扫黑除恶专项斗争取得更大成效，根据刑法、刑事诉讼法、监察法及最高人民法院、最高人民检察院、公安部、司法部《关于办理黑恶势力犯罪若干问题的指导意见》的规定，现就有关问题通知如下：

一、总体要求

1. 进一步提升政治站位。坚持以习近平新时代中国特色社会主义思想为指导，从增强"四个意识"、坚定"四个自信"、做到"两个维护"的政治高度，立足党和国家工作大局，深刻认识和把握开展扫黑除恶专项斗争的重大意义。深挖黑恶势力滋生根源，铲除黑恶势力生存根基，严惩公职人员涉黑涉恶违法犯罪，除恶务尽，切实维护群众利益，进一步净化基层政治生态，推动扫黑除恶专项斗争不断向纵深发展，推进全面从严治党不断向基层延伸。

2. 坚持实事求是。坚持以事实为依据，以法律为准绳，综合考虑行为人的主观故意、客观行为、具体情节和危害后果，以及相关

黑恶势力的犯罪事实、犯罪性质、犯罪情节和对社会的危害程度，准确认定问题性质，做到不偏不倚、不枉不纵。坚持惩前毖后、治病救人方针，严格区分罪与非罪的界限，区别对待、宽严相济。

3. 坚持问题导向。找准扫黑除恶与反腐"拍蝇"工作的结合点，聚焦涉黑涉恶问题突出、群众反映强烈的重点地区、行业和领域，紧盯农村和城乡结合部，紧盯建筑工程、交通运输、矿产资源、商贸集市、渔业捕捞、集资放贷等涉黑涉恶问题易发多发的行业和领域，紧盯村"两委"、乡镇基层站所及其工作人员，严肃查处公职人员涉黑涉恶违法犯罪行为。

二、严格查办公职人员涉黑涉恶违法犯罪案件

4. 各级监察机关、人民法院、人民检察院、公安机关应聚焦黑恶势力违法犯罪案件及坐大成势的过程，严格查办公职人员涉黑涉恶违法犯罪案件。重点查办以下案件：公职人员直接组织、领导、参与黑恶势力违法犯罪活动的案件；公职人员包庇、纵容、支持黑恶势力犯罪及其他严重刑事犯罪的案件；公职人员收受贿赂、滥用职权，帮助黑恶势力人员获取公职或政治荣誉，侵占国家和集体资金、资源、资产，破坏公平竞争秩序，或为黑恶势力提供政策、项目、资金、金融信贷等支持帮助的案件；负有查禁监管职责的国家机关工作人员滥用职权、玩忽职守帮助犯罪分子逃避处罚的案件；司法工作人员徇私枉法、民事枉法裁判、执行判决裁定失职或滥用职权、私放在押人员以及徇私舞弊减刑、假释、暂予监外执行的案件；在扫黑除恶专项斗争中发生的公职人员滥用职权，徇私舞弊，包庇、阻碍查处黑恶势力犯罪的案件，以及泄露国家秘密、商业秘密、工作秘密，为犯罪分子通风报信的案件；公职人员利用职权打击报复办案人员的案件。

公职人员的范围，根据《中华人民共和国监察法》第十五条的规定认定。

5. 以上情形，由有关机关依规依纪依法调查处置，涉嫌犯罪的，依法追究刑事责任。

三、准确适用法律

6. 国家机关工作人员包庇黑社会性质的组织，或者纵容黑社会性质的组织进行违法犯罪活动的，以包庇、纵容黑社会性质组织罪定罪处罚。

国家机关工作人员既组织、领导、参加黑社会性质组织，又对该组织进行包庇、纵容的，应当以组织、领导、参加黑社会性质组织罪从重处罚。

国家机关工作人员包庇、纵容黑社会性质组织，该包庇、纵容行为同时还构成包庇罪、伪证罪、妨害作证罪、徇私枉法罪、滥用职权罪、帮助犯罪分子逃避处罚罪、徇私舞弊不移交刑事案件罪，以及徇私舞弊减刑、假释、暂予监外执行罪等其他犯罪的，应当择一重罪处罚。

7. 非国家机关工作人员与国家机关工作人员共同包庇、纵容黑社会性质组织，且不属于该组织成员的，以包庇、纵容黑社会性质组织罪的共犯论处。非国家机关工作人员的行为同时还构成其他犯罪，应当择一重罪处罚。

8. 公职人员利用职权或职务便利实施包庇、纵容黑恶势力、伪证、妨害作证，帮助毁灭、伪造证据，以及窝藏、包庇等犯罪行为的，应酌情从重处罚。事先有通谋而实施支持帮助、包庇纵容等保护行为的，以具体犯罪的共犯论处。

四、形成打击公职人员涉黑涉恶违法犯罪的监督制约、配合衔接机制

9. 监察机关、公安机关、人民检察院、人民法院在查处、办理公职人员涉黑涉恶违法犯罪案件过程中，应当分工负责，互相配合，互相制约，通过对办理的黑恶势力犯罪案件逐案筛查、循线深挖等方法，保证准确有效地执行法律，彻查公职人员涉黑涉恶违法犯罪。

10. 监察机关、公安机关、人民检察院、人民法院要建立完善查处公职人员涉黑涉恶违法犯罪重大疑难案件研判分析、案件通报等工作机制，进一步加强监察机关、政法机关之间的配合，共同研究和解决案件查处、办理过程中遇到的疑难问题，相互及时通报案件进展情况，进一步增强工作整体性、协同性。

11. 监察机关、公安机关、人民检察院、人民法院、司法行政机关要建立公职人员涉黑涉恶违法犯罪线索移送制度，对工作中收到、发现的不属于本单位管辖的公职人员涉黑涉恶违法犯罪线索，应当及时移送有管辖权的单位处置。

移送公职人员涉黑涉恶违法犯罪线索，按照以下规定执行：

（1）公安机关、人民检察院、人民法院、司法行政机关在工作中发现公职人员涉黑涉恶违法犯罪中的涉嫌贪污贿赂、失职渎职等职务违法和职务犯罪等应由监察机关管辖的问题线索，应当移送监察机关。

（2）监察机关在信访举报、监督检查、审查调查等工作中发现公职人员涉黑涉恶违法犯罪线索的，应当将其中涉嫌包庇、纵容黑社会性质组织犯罪等由公安机关管辖的案件线索移送公安机关处理。

（3）监察机关、公安机关、人民检察院、人民法院、司法行政机关在工作中发现司法工作人员涉嫌利用职权实施的侵犯公民权利、损害司法公正案件线索的，根据有关规定，经沟通后协商确定管辖机关。

12. 监察机关、公安机关、人民检察院接到移送的公职人员涉黑涉恶违法犯罪线索，应当按各自职责及时处置、核查，依法依规作出处理，并做好沟通反馈工作；必要时，可以与相关线索或案件并案处理。

对于重大疑难复杂的公职人员涉黑涉恶违法犯罪案件，监察机关、公安机关、人民检察院可以同步立案、同步查处，根据案件办理需要，相互移送相关证据，加强沟通配合，做到协同推进。

13. 公职人员涉黑涉恶违法犯罪案件中，既涉嫌贪污贿赂、失职渎职等严重职务违法或职务犯罪，又涉嫌公安机关、人民检察院管辖的违法犯罪的，一般应当以监察机关为主调查，公安机关、人民检察院予以协助。监察机关和公安机关、人民检察院分别立案调查

（侦查）的，由监察机关协调调查和侦查工作。犯罪行为仅涉及公安机关、人民检察院管辖的，由有关机关依法按照管辖职能进行侦查。

14. 公安机关、人民检察院、人民法院对公职人员涉黑涉恶违法犯罪移送审查起诉、提起公诉、作出裁判，必要时听取监察机关的意见。

15. 公职人员涉黑涉恶违法犯罪案件开庭审理时，人民法院应当通知监察机关派员旁听，也可以通知涉罪公职人员所在单位、部门、行业以及案件涉及的单位、部门、行业等派员旁听。

实用附录：

1. 刑事责任年龄

年龄		责任	备注
<12周岁		不负刑事责任	
12周岁≤年龄<14周岁		对2种犯罪行为，应负刑事责任*	
14周岁≤年龄<16周岁		对8种犯罪行为，应负刑事责任**	① 应当从轻或减轻处罚 ② 不适用死刑
≥16周岁	16周岁≤年龄<18周岁	应负刑事责任	
	≥18周岁	应负刑事责任	

---

* 对犯故意杀人、故意伤害罪，致人死亡或者以特别残忍手段致人重伤造成严重残疾，情节恶劣，经最高人民检察院核准追诉的。

** 8种犯罪行为：指刑法第17条第2款所列故意杀人、故意伤害致人重伤或死亡、强奸、抢劫、贩卖毒品、放火、爆炸、投毒。这里指具体犯罪行为，而非具体罪名。

2. 刑事责任能力

种类	责任
间歇性精神病人，在精神正常时犯罪	应当负刑事责任
尚未完全丧失辨认或者控制能力的精神病人，犯罪的	①应当负刑事责任 ②可以从轻或减轻处罚
又聋又哑的人或者盲人	①应当负刑事责任 ②可以从轻或减轻或者免除处罚
醉酒的人	应当负刑事责任
已满75周岁的人	①应当负刑事责任；②可以从轻或者减轻处罚；③过失犯罪的，应当从轻或者减轻处罚。

3. 国家工作人员界定范围

	种类	备注
国家工作人员	在国家机关中从事公务的人员（国家机关工作人员）	下列人员有渎职行为的，以国家机关工作人员论： ①在受国家机关委托代表国家机关行使职权的组织中从事公务的人员； ②虽未列入国家机关人员编制但在国家机关中从事公务的人员。
	在国有公司、企业、事业单位、人民团体中从事公务的人员国家机关、国有公司、企业、事业单位等国有性质单位委派到非国有单位从事公务的人员	
	其他依照法律从事公务的人员	村民委员会等村基层组织人员协助人民政府从事下列行政管理工作，属于其他依照法律从事公务的人员： ①救灾、抢险、防汛、优抚、扶贫、移民、救济款物的管理； ②社会捐助公益事业款物的管理； ③国有土地的经营和管理； ④土地征收、征用补偿费用的管理； ⑤代征、代缴税款； ⑥有关计划生育、户籍、征兵工作； ⑦协助人民政府从事的其他行政管理工作。

图书在版编目（CIP）数据

中华人民共和国反有组织犯罪法注解与配套／中国法制出版社编．—北京：中国法制出版社，2023.7
（法律注解与配套丛书）
ISBN 978-7-5216-3726-7

Ⅰ.①中… Ⅱ.①中… Ⅲ.①反有组织犯罪法-法律解释-中国 Ⅳ.①D922.145

中国国家版本馆 CIP 数据核字（2023）第 118898 号

| 策划编辑：袁笋冰 | 责任编辑：欧 丹 | 封面设计：杨泽江 |

中华人民共和国反有组织犯罪法注解与配套
ZHONGHUA RENMIN GONGHEGUO FANYOUZUZHI FANZUIFA ZHUJIE YU PEITAO

经销／新华书店
印刷／三河市国英印务有限公司
开本／850 毫米×1168 毫米 32 开　　印张／7.125　字数／168 千
版次／2023 年 7 月第 1 版　　　　　　2023 年 7 月第 1 次印刷

中国法制出版社出版
书号 ISBN 978-7-5216-3726-7　　　　　　　　定价：24.00 元

北京市西城区西便门西里甲 16 号西便门办公区
邮政编码：100053　　　　　　　　　　传真：010-63141600
网址：http://www.zgfzs.com　　　　编辑部电话：010-63141676
市场营销部电话：010-63141612　　　印务部电话：010-63141606

（如有印装质量问题，请与本社印务部联系。）